VOCÊ PODE SER A ESPOSA DE UM MARIDO FELIZ

VOCÊ PODE SER A ESPOSA DE UM MARIDO FELIZ

AO DESCOBRIR A CHAVE PARA O SUCESSO DO MATRIMÔNIO

DARIEN B. COOPER

Traduzido por Lena Aranha

1ª Edição

CPAD

Rio de Janeiro
2010

Título do original em inglês: *You Can Be the Wife of a Happy Husband*
Cook Communications Ministries, Colorado Springs, Colorado, EUA
Primeira edição em inglês: 1974
Tradução: Lena Aranha

Preparação dos originais: Daniele Pereira
Projeto gráfico: Eduardo Evangelista
Editoração e adaptação de capa: Reginaldo Delfino

ISBN: 978-85-263-0982-1
CDD: 243 – Família

As citações bíblicas foram extraídas da versão Almeida Revista e Corrigida, edição de 1995, da Sociedade Bíblica do Brasil, salvo indicação em contrário.

Para maiores informações sobre livros, revistas, periódicos e os últimos lançamentos da CPAD, visite nosso site: http://www.cpad.com.br.

SAC — Serviço de Atendimento ao Cliente: 0800-701-7373

Casa Publicadora das Assembléias de Deus
Caixa Postal 331
20001-970, Rio de Janeiro, RJ, Brasil

1ª edição: 2010

Dedicatória

Dedico este livro ao meu amado DeWitt.

Agradecimentos

Um tributo especial para Patrícia Bradley e Grace Fox, com quem tenho um grande débito por suas intermináveis horas de trabalho, em que revisaram, esclareceram e criticaram meus escritos a fim de tornar possível este livro. Elas consideraram a contribuição que deram uma honra e um privilégio. A atitude delas foi uma inspiração para mim.

Prefácio

Nesses dias em que a maioria dos jornais do país dá espaço, na primeira página, ao fútil e nocivo pronunciamento do movimento de liberação da mulher, é reanimador ouvir uma mulher cativante e devota falar. Darien Cooper é uma mulher verdadeira — satisfeita e realizada. Não foi necessário que ela se casasse três ou quatro vezes para descobrir o que agrada um homem. Aprendeu esse segredo pela primeira vez quando se casou e pratica o que ensina.

Quatro homens amam e admiram essa jovem mulher: seu marido e seus três filhos. Centenas de mulheres comparecem a suas duas aulas bíblicas semanais, em que expõe os princípios encontrados neste livro. Muitas esposas preocupadas, levadas a suas aulas por amigas, saem transformadas pelos princípios que a Sra. Cooper ensina. Muitas dessas mulheres passaram de rivais de seus maridos a parceiras, para grande assombro deles.

Encontrei Darien pela primeira vez quando fui a Atlanta, Ga., para participar do Family Life Seminar. Ela e o marido, DeWitt, encontraram minha esposa e eu no aeroporto de Atlanta. Fiquei entusiasmado quando soube como Deus usava Darien na tão necessitada área do desenvolvimento do contentamento feminino em casa por meio do ensino de princípios bíblicos. Contudo, fiquei mais impressionado com a maneira como seu marido compartilhava seu entusiasmo com o ministério.

Jamais encontrei um homem que tivesse tão genuíno orgulho do que sua esposa fazia fora de casa, portanto sei que ela deve ser uma mulher sábia. É natural que um homem se sinta ameaçado pelo sucesso de sua parceira. Isso não acontecia com DeWitt. Ele se emocionava com o fato de Deus usar Darien para ajudar as esposas a ter relacionamentos satisfatórios com seus maridos.

Está na hora de as mulheres dizerem algumas das coisas que Darien expressa neste livro. Ela tem uma excelente compreensão dos conceitos bíblicos que trazem alegria ao casamento e os expõe com clareza. Ela sabe que a mulher não é uma criatura frágil, sem valor e desmiolada com que o homem se casa apenas pelo prazer erótico ou para expor como um ornamento. Em vez disso, ela vê a mulher como essencial para a realização do homem na vida. Mas está ciente de que a esposa deve aceitar seu papel dado por Deus, ou arruinará a parceria com o marido.

Darien Cooper tem uma perfeita compreensão do ego masculino. Neste livro, ela examina cada princípio bíblico que toda esposa precisa conhecer a fim de viver com o ego masculino. Muitas explosões familiares podem ser evitadas se mais esposas conhecerem esses segredos. Confiantes, milhares de mulheres, que nunca tiveram oportunidade de ouvir Darien falar, podem ler este livro e encontrar a ajuda de Deus para seus casamentos.

Tim LaHaye

Sumário

Introdução

Você pode encontrar sua verdadeira identidade ao descobrir o papel que Deus determinou para você como mulher e esposa. O Senhor tem a intenção de ajudá-la a fazer essas descobertas.

Acredito que Deus concedeu a nós, mulheres, a função de escolher. Infelizmente, muitas de nós não entendem que ser uma mulher e esposa é um maravilhoso privilégio, e assim deixamos escapar a alegria e a realização que Deus tem guardado para nós. Ainda que nos falte felicidade, algumas de nós voltam atrás depois de descobrir os princípios e conceitos bíblicos apresentados neste livro. Dizemos: "Isso é bom demais para ser verdade", ou: "Isso não funciona para mim", ou como eu disse uma vez: "Você deve estar brincando. Não preciso de ajuda".

Naquele momento, eu não estava receptiva ao ensino. Se você tivesse me perguntado se tinha problemas pessoais, eu teria respondido: "Nada sério; nada que precise mudar. Mas meu marido! Ah, esse é um assunto totalmente diferente!"

Pensava que tinha um bom casamento, mas, quando olho para trás, vejo agora que simplesmente eu tinha um bom homem. Por doze anos, tentei mudar DeWitt — a maneira como ele fazia as coisas, ou não as fazia, ou a maneira como se relacionava comigo.

Tentei abordagens tanto as diretas quanto as sutis. Chorei quando ele esqueceu meu aniversário ou nosso aniversário.

Perguntava-me por que ele não vinha e punha seus braços a minha volta e dizia que estava arrependido e que me amava. Mas parecia que quanto mais eu chorava, menos atenção ele me dava.

Um dia eu falei: "DeWitt, estive prestando atenção nos Jones, nossos vizinhos. O Sr. Jones é tão atencioso. Ele traz doces e flores para sua esposa. Sempre a beija afetuosamente à porta quando chega em casa do trabalho. Eu me pergunto por que você não faz isso?"

Ele respondeu-me: "Porque não a conheço tão bem".

Eu escutava o que ele me contava quando chegava do trabalho e o deixava ciente do que deveria, ou não, dizer ou fazer. Não entendia por que ele parecia não gostar do meu conselho e, depois, ele parou de compartilhar suas coisas comigo quando chegava do trabalho.

Assim, cerca de seis anos atrás, depois de um intensivo estudo bíblico, vi que Deus estabelecera soluções para os problemas da vida. E um minucioso esboço de como manter um casamento bem-sucedido. Percebi que em vez de estar ajudando DeWitt, eu o estava esmagando — destruindo sua masculinidade. Eu disse: "Está bem, Deus, estou pronta para o Senhor me mostrar como ser o tipo de esposa que devo ser".

Hoje, deleito-me com o tipo de relacionamento realizador que Deus pretende para todo casamento. A vida tornou-se animadora desde que apliquei os princípios que Deus apresenta para mim na Bíblia. Acho que posso ter paz e satisfação completa em meu casamento, independentemente das circunstâncias.

Deus não é um poupador de pessoas. A verdade dEle é para todos que crêem e confiam nEle, ao obedecer sua Palavra. Tudo de que você precisa é uma atitude receptiva ao ensino — a vontade de deixar Deus operar em sua vida. Quando confia em Deus e obedece a sua Palavra, você encontra — como eu e muitas outras mulheres também encontramos — a realização que deseja.

Escrevi este livro a fim de partilhar com tantas mulheres quanto fosse possível as verdades que transformaram minha vida e casamento ao longo dos últimos seis anos. O único arrependimento que tenho é de não ter conhecido esses princípios antes.

É importante que você leia este livro na seqüência em que foi escrito, uma vez que cada capítulo foi elaborado sobre o precedente. Por favor, ponha de lado o julgamento de cada verdade individual apresentada até que você leia o livro todo e tenha uma imagem do todo. E, à medida que estuda esses princípios, lembre-se que eles se aplicam quer seu marido acredite em Jesus Cristo quer não.

Quando você puser esses princípios em prática e os tornar um modo de vida, verá mudanças em seu marido tanto quanto em você mesma. É animador ouvir e ver a reação dos maridos que não sabem que suas esposas estão estudando os planos de Deus para um relacionamento marital feliz. Muitos podem não entender por que sua esposa, de repente, tornou-se mais amável ou mais fácil de conviver.

Mas mudanças levam tempo, portanto, seja paciente e deixe Deus fazer a mudança. Confie nEle para construir ou reconstruir seu casamento. "Se o Senhor não edificar a casa, em vão trabalham os que edificam" (Sl 127.1).

Sugiro que você comece um caderno pessoal. À medida que lê este livro, anote em uma coluna as atitudes e hábitos de sua vida que precisam ser mudados. Peça a Deus para lhe mostrar medidas criativas que você pode adotar para mudar cada atitude ou hábito errado. Enumere essas medidas na coluna oposta.

Assim, com a direção de Deus, teste essas idéias. Você se sentirá encorajada à medida que olha para trás e vê as mudanças que Deus fez em sua vida.

Oro para que, por meio deste livro, você descubra a vida plena e satisfatória que Deus tem para você como mulher e esposa e para que se torne a esposa que seu marido precisa. Para expressar isso de outra maneira, você se tornará "a esposa de um marido feliz".

Quero expressar profundo apreço por muitas pessoas, cuja ajuda dedicada tornou este livro possível. Meu marido, DeWitt, e meus três filhos, Craig, Brian e Ken, tornaram a escrita deste livro mais fácil graças a sua cooperação entusiástica. A Sra. Willis Horton que, pacientemente, ensinou-me essas verdades. Phyllis Ott digitou o manuscrito e deu sugestões úteis. Anna Stanley deu-me a idéia de escrever este livro. E, por fim, fico grata ao grupo de mulheres que me deu permissão para contar suas experiências como ilustrações — disfarçadas, é claro, para preservar suas identidades.

CAPÍTULO 1

O Plano Perfeito

Há muitos anos, em uma tarde quente em Valdosta, Geórgia, Margie Maultsby, uma atraente mulher negra com cerca de 30 anos, planejava seriamente um futuro sem seu marido, Joe. Apesar de estarem juntos há seis meses, depois de uma separação que ela exigiu, a vida deles juntos não estava nada melhor.

No dia seguinte, uma conhecida convidou-a para participar de uma aula bíblica na vizinhança, a qual esboçava a mensagem de meus cassetes sobre os princípios bíblicos contidos neste livro. Mas Margie não tinha intenção de comparecer. Afinal de contas, qual a possibilidade de uma mulher branca ter algo a oferecer para ajudar a salvar seu desesperançado casamento?

Contudo, Deus conhecia sua necessidade e a arrastou para a aula. As cartas que ela escreveu para Deus, após sua primeira e segunda sessões, revelam seu coração:

> Querido Deus,
> Não posso acreditar que participei daquela aula bíblica! Não me pergunte por quê! Antes que eu me desse conta, já estava tocando a campainha da porta e apresentando-me à

líder daquele estudo bíblico, sentando ali junto com outras dez pessoas desconhecidas.

Se eu gostei da aula? Não sei, não consigo me lembrar muito dela também. Contudo, tenho uma lição de casa. Isso é ridículo, já tive lição de casa suficiente para fazer quando era estudante. Afinal, Pai, sou professora de inglês. De fato, não tenho tempo para isso, provavelmente não irei de novo. Aquela senhora que fala na fita gravada não pode me contar nada que eu já não saiba. Já li muito material sobre casamentos. Ainda tento aplicar alguns desses princípios. Bem, de qualquer forma, meu casamento não enfrenta sérios problemas. Todos têm problemas. De qualquer forma, não quero pensar sobre casamentos; quero pensar sobre o Senhor e Cristo.

Margie

Querido Deus,

Ainda estou em estado de choque depois da última noite de aula bíblica com as mulheres! Sim, eu fui de novo!

Bem, quase levei um choque, de fato, foi um raio! Descobri que não amo meu marido de verdade. O Senhor pode acreditar nisso? Eu não podia. Sempre pensei que era uma boa esposa. Entretanto, quando, pela primeira vez, comecei a escutar as palavras de 1 Coríntios 13.4-7, aquelas palavras que descrevem que o amor só começa a ter algum mérito se for manso, não ciumento, não pensar mal, não buscar os seus próprios interesses, acreditar em todas as coisas, tiver esperança em tudo, suportar todas as coisas, daí eu percebi que apenas sou amável com Joe quando ele faz o que quero que faça. Tenho muito a aprender!

O Senhor vê, Deus, eu sou, de fato, ciumenta! À noite, olho na carteira do Joe. Também verifico suas histórias quando ele chega em casa, assim tenho certeza de que falou a verdade. Como mais eu poderia saber? Às vezes, eu o espero acordada apenas para atacá-lo com palavras ameaçadoras e acusações. Nesses momentos, constantemente penso mal. Olhei por tanto tempo para o Joe que não tinha idéia de que meu espelho guardava tanto mal.

Como resultado de tudo que foi dito, Pai celestial, procuro meu caminho. Eu nunca, de fato, tive nenhum pensamento sobre os sonhos do Joe, estava apenas interessada nos meus. Nunca o deixei livre para pensar, planejar ou sonhar. Apenas tentei fazer com que os meus valores fossem os dele.

O Senhor vê, o Joe pertence a um clube e sempre tive medo que, se ele se comportasse mal em um clube noturno ou se ficasse fora até tarde, alguém poderia ter menos consideração por mim ou, até mesmo, pensar menos de meu casamento. É estúpido, eu sei. Entretanto, por essa razão, sempre tentei fazê-lo prestar atenção em seu comportamento. De acordo com a Palavra do Senhor, não apenas isso é errado, mas também não funciona de jeito nenhum. Se o repreendo por muito tempo ou fico com raiva e ameaço deixá-lo, ele parece se comportar de acordo com os meus padrões por um tempo.

Durante esses períodos, sinto-me no topo do mundo. Então... bum! Ele volta aos seus mesmos hábitos. Eu devia saber que alguma coisa estava errada, mas não sabia. Achava que essa era exatamente a maneira de viver. Depois, eu li: "Se o Senhor não edificar a casa, em vão trabalham os que edificam" (Sl 127.1). Entrego minha casa para o Senhor construir. Pai, ensine-me a amar meu marido.

Margie

Margie, depois da segunda aula, pôs sua vida e seu casamento totalmente nas mãos de Deus. O ano seguinte foi muito difícil, mas Deus lhe deu a força para amar Joe incondicionalmente. Pouco depois disso, ela sentiu-se recompensada quando Joe, com muito carinho e com nova consideração por ela, disse-lhe: "Quero que o Senhor me dê uma parte do que você tem".

Margie morreu para sua antiga maneira de se comportar. Em troca, estava livre para amar da maneira como Deus queria que amasse. Ela e Joe agora se regozijam com novo amor um pelo outro e com a realização marital que Deus quer dar a todos os casais. Agora, Deus usa poderosamente Margie para ensinar outros casais em Decatur, Geórgia, onde ela vive hoje.

UMA VIDA SATISFATÓRIA

Deus não a criou e pôs nesta terra para viver uma vida apática, frustrada, derrotada ou desencorajadora. Ele quer que você seja mais feliz do que jamais sonhou ser possível. "Ora, àquele que é poderoso para fazer tudo muito mais abundantemente além daquilo que pedimos ou pensamos, segundo o poder que em nós opera" (Ef 3.20). Jesus Cristo disse que Ele veio para dar uma vida satisfatória e completa para você. "Eu vim para que tenham vida e a tenham com abundância" (Jo 10.10).

Essa vida está disponível para você, independentemente de sua experiência passada, educação, nacionalidade ou circunstâncias presentes. Não há problema tão grande nem tão pequeno para Cristo resolver em sua vida. Tudo que Ele pede de você é um coração disposto e obediente aos planos dEle. "Se quiserdes, e ouvirdes, comereis o bem desta terra" (Is 1.19). O "bem desta terra" é comparado a uma vida abundante para você.

UM PLANO PERSONALIZADO

Deus a ama tanto que elaborou um plano pessoal para você crescer, se desenvolver e se sentir realizada. Você deve pensar em sua vida como uma prescrição divina proveniente da mão de Deus.

> Pois possuíste o meu interior; entreteceste-me no ventre de minha mãe. Eu te louvarei, porque de um modo terrível e tão maravilhoso fui formado; maravilhosas são as tuas obras, e a minha alma o sabe muito bem. Os meus ossos não te foram encobertos, quando no oculto fui formado e entretecido como nas profundezas da terra. Os teus olhos viram o meu corpo ainda informe, e no teu livro todas estas coisas foram escritas, as quais iam sendo dia a dia formadas, quando nem ainda uma delas havia. E quão preciosos são para mim, ó Deus, os teus pensamentos! Quão grande é a soma deles! Se os contasse, seriam em maior número do que a areia; quando acordo, ainda estou contigo (Sl 139.13-18).

Deus cuida tanto de você que sempre pensa em você e presta atenção em tudo que lhe diz respeito. Não acontecem acidentes na vida dos filhos de Deus. Ele deseja usar sua personalidade, sua constituição física e suas experiências para seu benefício.

Se você confiar nEle, Ele pode pegar todas as coisas de sua vida que você gostaria de mudar e trabalhar nelas para o seu bem. "E sabemos que todas as coisas contribuem juntamente [ajustadas em um plano] para o bem daqueles que amam a Deus [como parceiro em seu trabalho], daqueles que são chamados por seu decreto" (Rm 8.28; inserções da autora). Observe que Ele não diz que todas as coisas *são boas*, mas que Ele pode *realizar todas as coisas para o seu bem*. Apenas Deus pode fazer tais milagres.

Não questione o que Deus faz; simplesmente confie nEle para saber o que é melhor para você. "Mas, ó homem, quem és tu, que a Deus replicas? Porventura, a coisa formada dirá ao que a formou: Por que me fizeste assim?" (Rm 9.20) Isso significa que você não deve questionar por que você é dessa maneira ou por que seu marido é como é. Antes, você deve descobrir e aceitar o plano de Deus para sua vida; assim Ele pode realizar todas as coisas para seu benefício.

CASAMENTO — UM RELACIONAMENTO SATISFATÓRIO

Tudo que Deus designou para você é para seu benefício. Portanto, o casamento foi planejado por Deus para lhe dar a maior felicidade humana possível. Esse relacionamento é descrito em Efésios 5.21-33:

> Sujeitando-vos uns aos outros no temor de Deus. Vós, mulheres, sujeitai-vos a vosso marido, como ao Senhor; porque o marido é a cabeça da mulher, como também Cristo é a cabeça da igreja, sendo ele próprio o salvador do corpo. De sorte que, assim como a igreja está sujeita a Cristo, assim também as mulheres sejam em tudo sujeitas a seu marido. Vós, maridos, amai vossa mulher, como também Cristo amou a igreja e a si mesmo se entregou por ela [...] Assim devem os maridos amar a sua própria mulher como a seu próprio corpo. Quem ama a sua mulher ama-se a si mesmo. Porque nunca ninguém aborreceu a sua própria carne; antes, a alimenta e sustenta, como também o Senhor à igreja [...] Por isso, deixará o homem seu pai e sua mãe e se unirá à sua mulher; e serão dois numa carne [...] Assim também vós, cada um em particular [sem exceção] ame a sua própria

> mulher como a si mesmo, e a mulher reverencie o marido (inserção da autora).

Acredito que o papel da mulher no relacionamento matrimonial é o de escolher. Ela deve ser amada, protegida e cuidada por seu marido da mesma maneira que Cristo deu a si mesmo pela Igreja (crentes). As palavras "estar sujeita" ou "ser submissa" descrevem a maneira como você está relacionada a seu marido. Outra maneira de dizer isso é que você deve *corresponder* ao amor, à proteção e à liderança de seu marido. A submissão não significa que sua personalidade, suas habilidades, seus talentos ou sua individualidade são abandonadas, mas que elas são canalizadas para produzir o máximo possível.

Alguém disse: "A mulher foi criada do homem; não de sua cabeça, para ser comandada por ele; nem de seus pés, para ser sua escrava. Antes, ela foi tirada de seu lado para completá-lo, da parte perto de seu braço para protegê-lo, e de perto de seu coração para ser amada". A submissão não a aprisiona. Ela a libera, dá-lhe a liberdade de ser criativa sob a proteção da autoridade divinamente determinada.

Seu relacionamento antes do casamento não era de resposta ao amor e liderança dele? Ele mostrava seu amor e liderança ao ser atencioso com você e fazer-lhe elogios, e ao lhe trazer presentes. Você respondia a esse amor ao se fazer atraente para agradá-lo ou quando ia a lugares com ele em que você realmente não se interessaria em ir se não fosse apenas para aproveitar a companhia dele.

Então, depois do casamento as coisas começam a mudar. O que aconteceu? Pode ser que você, ao não tirar mais muito tempo para ter sua melhor aparência para seu marido ou ao se recusar em compartilhar os interesses dele, gradualmente tenha abandonado seu papel de corresponder? Sim, é fácil deixar de corresponder ao seu marido sem nem mesmo perceber isso.

Uma mulher sábia sabe que não pode levar seu papel levianamente, mas deve ser um trabalho sério para a construção de um relacionamento duradouro e satisfatório. "Toda mulher sábia edifica a sua casa, mas a tola derriba-a com as suas mãos" (Pv 14.1). A mulher pode agir de maneira tola e destruir seu casamento, ainda que não saiba que está violando os princípios que constroem um casamento bem-sucedido. Essa é a razão por que as mulheres devem ser ensinadas "a amarem seus maridos, a amarem seus filhos, a serem moderadas, castas, boas donas de casa, sujeitas a seu marido, a fim de que a palavra de Deus não seja blasfemada" (Tt 2.4,5).

Em razão de o mundo ter feito um trabalho efetivo de distorção do relacionamento matrimonial e de seus respectivos papéis, a mulher, tolamente, sente-se insatisfeita com freqüência. Ela se convence de que sua infelicidade é conseqüência de suas responsabilidades de dona de casa e dos cuidados com os filhos. Ela procura sua realização ao tentar mudar seu papel pelos mesmos meios apregoados pelo movimento de liberação da mulher. Na verdade, entretanto, sua infelicidade não é resultado de seu papel, mas de seu fracasso em compreender e cumprir o papel que Deus lhe designou.

A mulher sábia reconhece os princípios de Deus para construir um casamento bem-sucedido e os aplica. Ela percebe que um casamento bem-sucedido requer planejamento da mesma maneira que qualquer empreendimento bem-sucedido. Por exemplo, para fazer um bolo leve e delicioso, ela deve pôr os ingredientes certos, na ordem certa e na medida apropriada. O mesmo é verdade em relação ao casamento. A fim de desenvolver um casamento feliz, a mulher sábia usa os princípios apropriados, na hora certa e com o equilíbrio divino. Um bom casamento não acontece simplesmente. Ele é construído de forma deliberada ao longo dos anos.

O livro de Ester dá exemplos tanto da mulher tola quanto da sábia. A rainha Vasti, mulher tola, não correspondeu à liderança de seu marido quando ele lhe pediu que participasse da festa que dava e deixasse que seus convidados admirassem sua beleza. Como resultado, ela foi banida da presença do rei, e ele encontrou Ester para ser sua rainha.[1]

Ester, mulher sábia, aceitou a liderança do rei Assuero, e o resultado foi maravilhoso! Durante o período de crise em que ela poderia ter perdido a vida, sua atitude submissa e suas ações sábias fizeram o rei dizer: "Qual é a tua petição? E se te dará. E qual é o teu requerimento? E se fará, ainda até metade do reino" (Et 5.6). A crise passou. A vida de Ester e de seu povo foi salva graças às sábias e corretas ações dela.

A mulher sábia constrói um casamento bem-sucedido ao receber as necessidades de seu marido da maneira descrita em Provérbios 31.12: "Ela lhe faz bem e não mal, todos os dias da sua vida".

Use esse versículo como uma medida para determinar suas atitudes ou ações. Pergunte-se: "Como posso confortar, encorajar ou deixar meu marido bem?" Às vezes, isso significa confortá-lo quando o chefe o fez ter um dia duro no trabalho ou encorajá-lo quando começa a duvidar de sua habilidade como provedor da família. Quando você age com sabedoria vê um milagroso florescimento em seu relacionamento matrimonial.

---

[1] Apesar de alguns cristãos considerarem que o rei pediu que a rainha Vasti realizasse algum ato lascivo, o que, portanto, justificaria sua desobediência, não há nada no texto hebraico, ou nos costumes persas, que indique que o que lhe foi pedido era algum pecado.

CAPÍTULO 2

Seu Relacionamento com o Planejador

A necessidade da mulher ficou evidente na vida do primeiro homem. Adão foi criado perfeito pelo Senhor e posto em um ambiente perfeito, o jardim do Éden. Lá, ele tinha comunhão com Deus e uma ocupação interessante. Contudo, precisava de uma contraparte — alguém que pudesse perceber suas necessidades humanas.

Assim, Deus providenciou a mulher. "E disse o Senhor Deus: Não é bom [suficiente, satisfatório] que o homem esteja só; far-lhe-ei uma adjutora que esteja [adequada, adaptada, perfeita] como diante dele. [...] E disse Adão: Esta [criatura] é agora osso dos meus ossos e carne da minha carne; esta será chamada varoa, porquanto do varão foi tomada" (Gn 2.18,23; inserções da autora).

Porque Deus fez a mulher, ela era perfeita. Sua beleza devia estar além de qualquer coisa que possamos imaginar. Adão deu uma olhada nela e viu imediatamente que era diferente dele, apesar de ser sua contraparte.

O Novo Testamento ecoa a necessidadc que o homem tem da mulher, e o propósito de Deus ao criá-la. "Porque o varão não provém da mulher, mas a mulher, do varão. Porque também o varão não foi criado por causa da mulher, mas a mulher, por causa do varão" (1 Co 11.8,9). Uma faceta bonita do plano de Deus é que a mulher acha sua felicidade quando percebe as necessidades de seu marido.

A mulher também pode ter enorme influência sobre seu marido porque tem uma habilidade especial em perceber as necessidades dele.

Quando a primeira mulher deixou seu papel de corresponder à liderança de seu marido, cometeu um sério erro que afetou toda a humanidade (veja Gn 3.1-6). Eva permitiu que a conversa ardilosa e enganosa de Satanás influenciasse seu pensamento e a deixasse com dúvida de que o plano de Deus fosse para o seu bem. Logo que ela duvidou do total amor e provisão de Deus, não demorou muito para que pecasse — ela agiu independentemente de Deus e de seu plano para sua vida.

Eva, ao cometer o erro, usou de sua influência para lançar seu marido no mesmo erro. "E deu [o fruto] também a seu marido, e ele comeu com ela" (Gn 3.6; inserção da autora). Ela deu o fruto, e ele comeu! De acordo com 1 Timóteo 2.13,14, Adão não foi enganado. Ele sabia o que estava fazendo. Ele teve a escolha entre continuar em perfeita comunhão com o Senhor ou se unir a sua amada esposa em sua queda. Como conhecia as conseqüências, escolheu cair com Eva a ficar sem ela. Sim, a influência da mulher é enorme.

Se você não confia na orientação de Deus, pode influenciar seu marido da maneira errada. Em Gênesis 16, apresenta-se um relato sobre Sarai (posteriormente, chamada de Sara), uma boa mulher que deixou seu papel de corresponder à liderança de seu marido e o influenciou de uma maneira da qual ela se arrependeu mais tarde. Muitos anos se passaram desde que

Deus lhes prometera um filho. Sarai ficou impaciente e tentou ajudar Deus a cumprir sua promessa, ao dar sua serva para seu marido, assim a serva poderia ter o filho deles.

Sarai deixou o papel que Deus havia designado para ela e tomou os assuntos em suas mãos, influenciando, por conseguinte, seu marido a pecar. Esse pecado causa, e causou, dor a muitas pessoas ao longo dos séculos, como aconteceu com os filhos de Agar e Sarai, que lutam uns contra os outros. O papel da mulher é de grande responsabilidade, bem como é um maravilhoso privilégio.

AS NECESSIDADES DA MULHER

Antes da queda do homem (veja Gn 3), a mulher era completa em corpo, alma e espírito. Todos os dias, ela desfrutava a comunhão com o Senhor e com seu marido. Quando desobedeceu a Deus e comeu o fruto da árvore do conhecimento do bem e do mal, ela morreu como Deus disse que aconteceria. Não morreu fisicamente por várias centenas de anos, mas, de imediato, morreu espiritualmente. Seu espírito humano, a parte dela que podia compreender as verdades de Deus e desfrutar a comunhão com Ele, morreu naquele momento. Imediatamente, houve um vazio em sua vida que apenas podia ser preenchido se reconquistasse o relacionamento pessoal com Deus.

Alguém disse que "há um vazio com a forma de Deus no coração de cada pessoa, o qual não pode ser preenchido por nada nem por ninguém, a não ser Deus, o Criador, que se fez conhecer por meio de Jesus Cristo". Cada membro da raça humana vem ao mundo na mesma condição de caído em que Eva se encontrou logo após cometer seu pecado. A antiga natureza pecaminosa foi transmitida para cada um de nós por meio de

Adão. "Pelo que, como por um homem entrou o pecado no mundo, e pelo pecado, a morte, assim também a morte passou a todos os homens, por isso que todos pecaram" (Rm 5.12).

A figura A, nos desenhos a seguir, ilustra nossa condição quando viemos ao mundo. Cada uma de nós tem um centro de controle em sua vida. Sem Cristo em nossa vida, a antiga natureza pecaminosa (eu — carne — antigo homem — ou qualquer termo que você use) controla-nos. A essência pecaminosa aparece claramente nas crianças. Não precisamos ensiná-las a ser egoístas ou a determinar seu caminho. Elas fazem isso naturalmente. A antiga natureza pecaminosa é egoísta e exigente.

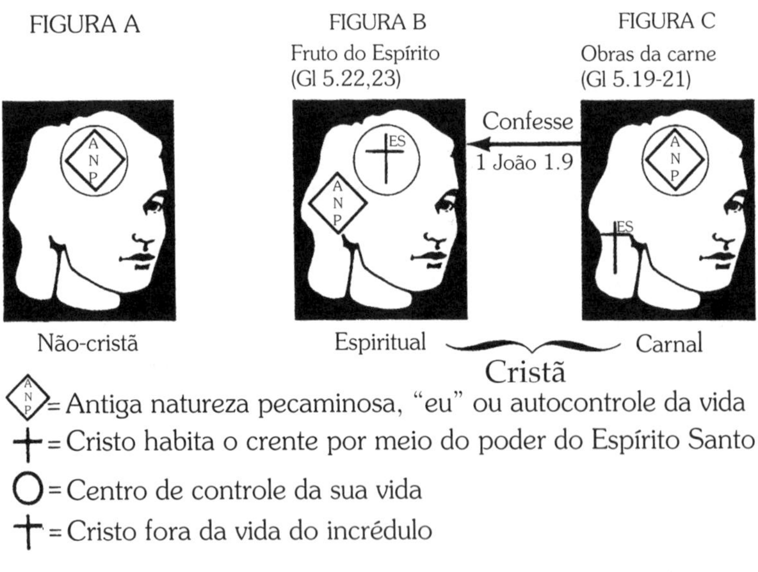

Deus ama tanto você que fez um plano, por meio do qual você pode ser restaurada à comunhão com Ele, sem transigir com o caráter perfeito dEle. (A barreira do pecado entre você e Deus tem de ser removida para que Ele possa demonstrar seu amor por você, pois a justiça dEle não suporta o contato com o pecado.

Deus, que é perfeitamente justo, não pode ignorar seu pecado, mas exige que a penalidade — mortal — seja paga.) Jesus, que é o Filho de Deus, realiza o plano do Pai ao deixar as glórias do céu para vir à terra. Ele nasceu na raça humana, acrescentando humanidade a sua deidade. Jesus, ao viver uma vida perfeita e querer morrer na cruz para pagar a penalidade por nossos pecados, deu-nos a salvação. "Àquele que não conheceu pecado, o fez pecado por nós; para que, nele, fôssemos feitos justiça de Deus" (2 Co 5.21).

Enquanto Jesus fica pendurado por três horas na cruz, o Pai "fez cair sobre ele a iniqüidade de nós todos" (Is 53.6). Jesus pagou o preço total por nossos pecados cerca de 2000 anos atrás, por cada pecado seu — passado, presente e futuro. Ele disse: "Está consumado" (Jo 19.30). Ele fez toda a obra necessária para nos dar sua salvação. Você não pode merecer nem ganhar a salvação, pois ela é dom gratuito que você deve receber antes de ela ser sua.

É importante que você perceba que lidou bem com seu pecado, independentemente do quão grande você acha que ele seja. A questão é: "Você aceita ou rejeita a obra de Jesus Cristo por você na cruz?" (Veja Jo 3.18.) Não há maneira de conhecer Deus a não ser por meio de seu Filho. Por isso é que Jesus disse: "Eu sou o caminho, e a verdade, e a vida. Ninguém vem ao Pai senão por mim" (Jo 14.6). Quando você aceita a obra dEle por você na cruz, torna-se pessoalmente uma filha de Deus.

Se você não tiver certeza neste momento de que é uma filha de Deus, um membro de sua família eterna, por que não busca ter essa certeza? A Bíblia diz que você *sabe* que é filha de Deus, se receber seu Filho. "Deus nos deu a vida eterna; e esta vida está em seu Filho. Quem tem o Filho tem a vida; quem não tem o Filho de Deus não tem a vida. Estas coisas vos escrevi, para que *saibais que tendes a vida eterna* e para que creiais no nome do Filho de Deus" (1 Jo 5.11-13; grifo da autora).

Neste momento, no silêncio de seu coração, você pode dizer ao Pai que aceita seu dom perfeito da salvação ao receber seu Filho como seu Salvador pessoal. Você sabe que é sua Filha fundamentada em sua Palavra, não por meio do que você faz ou sente.

Quando confiou em Jesus Cristo para entrar em sua vida, quer neste momento quer no passado, você passou para a condição representada pela figura B (p. 30). Jesus Cristo veio para sua vida por meio do poder renovador do Espírito Santo, e você se tornou filha de Deus. Naquele momento, o Espírito Santo veio viver em você a fim de que você pudesse começar a ter uma vida cristã (veja Rm 8.9). Da mesma forma que você não pode morrer para pagar por seus pecados, também não pode, por você mesma, viver uma vida cristã. Jesus Cristo quer reviver a vida dEle em você e por seu intermédio, momento a momento, se você assim permitir. Como você confia na vitória dEle sobre o pecado na cruz, a antiga natureza pecaminosa em você se submete a Ele, tornando-se impotente ou inativa.

Por causa da vitória de Cristo sobre o pecado, você não precisa mais ter pânico quando as coisas dão errado. Você sabe aqueles dias em que Johnny e Jim começam a brigar e, exatamente enquanto você tenta ajeitar a situação e resolver a briga deles, o telefone toca e algo ferve e transborda no fogão? Você pode ter real controle e paz em meio a tais momentos ao lançar mão da força de Jesus, em vez da sua própria força. Ele promete ser suficiente (veja 2 Co 9.8). Não diz apenas que usará exatamente essas coisas irritantes para talhar e moldar você à imagem de seu Filho Jesus Cristo (veja Rm 8.29).

É como se você fosse um diamante bruto lapidado à imagem de Jesus Cristo pelo Mestre Artesão. Cada dia pode se tornar uma proeza, se você pensar nas alegrias e provações do dia como parte do processo de Deus para modelar você conforme a fonte divina. Você pode relaxar, confiando na perícia profissional dEle. "Porque somos feitura sua, criados em Cristo Jesus para as boas obras, as quais Deus preparou para que andássemos nelas" (Ef 2.10).

Mesmo apesar de você ser filha de Deus é possível que de novo você tome o controle de sua vida e sinta-se frustrada e insatisfeita. A figura C (p. 30) retrata essa condição. Paulo descreve isso da seguinte maneira:

> Porque o que faço, não o aprovo, pois o que quero, isso não faço; mas o que aborreço, isso faço. E, se faço o que não quero, consinto com a lei, que é boa. De maneira que, agora, já não sou eu que faço isto, mas o pecado que habita em mim. Porque eu sei que em mim, isto é, na minha carne, não habita bem algum; e, com efeito, o querer está em mim, mas não consigo realizar o bem. Porque não faço o bem que quero, mas o mal que não quero, esse faço. Ora, se eu faço o que não quero, já o não faço eu, mas o pecado que habita em mim. Acho, então, esta lei em mim: que, quando quero fazer o bem, o mal está comigo. Porque, segundo o homem interior, tenho prazer na lei de Deus. Mas vejo nos meus membros outra lei que batalha contra a lei do meu entendimento e me prende debaixo da lei do pecado que está nos meus membros. Miserável homem que eu sou! Quem me livrará do corpo desta morte? Dou graças a Deus por Jesus Cristo, nosso Senhor. Assim que eu mesmo, com o entendimento, sirvo à lei de Deus, mas, com a carne, à lei do pecado" (Rm 7.15-25).

Preocupação, ciúmes, desencorajamento, atitude crítica e amargura são sintomas de que é você quem está no controle de sua vida. Considere esses sintomas como pecados e clame pela promessa de 1 João 1.9: "Se confessarmos os nossos pecados, ele é fiel e justo para nos perdoar os pecados e nos purificar de toda injustiça". Assim, por meio da fé, você sabe que está cheia do Espírito Santo e é controlada por Ele, e pode voltar à condição descrita na figura B. (Veja Cl 2.6 e Ef 5.18.)

Lembre-se de que Jesus Cristo é um cavalheiro. Ele não entra em sua vida contra a sua vontade, nem assume o controle de sua vida sem sua permissão. Contudo, uma vez que você o tenha convidado a entrar em sua vida, Ele promete nunca deixá-la (veja Hb 13.5).

Tanto o cristianismo quanto o casamento envolvem uma escolha intencional. Você escolhe submeter toda a sua pessoa — intelecto, emoção e vontade — a outra pessoa. Quando conheci DeWitt, gostei intelectualmente do que vi — a aparência, a personalidade e muitas outras qualidades. Quando ficamos mais familiarizados um com o outro, o amor nos envolveu. Mas nosso amor mútuo não concretizou nosso casamento. Ficamos noivos, e o dia do casamento chegou. Intelectualmente, eu acreditava que ele era o homem mais maravilhoso do mundo. Emocionalmente, meu coração batia duas vezes mais rápido quando estávamos juntos. Mas alguma coisa mais aconteceu. Ao trocarmos nossos votos diante do ministro, comprometemos nossa vontade um com o outro. Foi esse ato de comprometimento de toda a nossa pessoa — intelecto, emoção e vontade — um com o outro que concretizou nosso casamento, tornou-nos verdadeiramente casados. O mesmo é verdade em relação ao cristianismo. Por meio de comprometimento intencional de sua vontade, você se torna um membro da família de Deus. Ambos os compromissos são planejados para torná-la uma mulher completa e realizada.

Como Cristo satisfaz suas necessidades pessoais, você pode, em retorno, satisfazer as necessidades de seu marido, ao seguir o padrão dado em 1 Coríntios 7.34: "Há diferença entre a mulher casada e a virgem: a solteira cuida das coisas do Senhor para ser santa, tanto no corpo como no espírito; porém a casada cuida das coisas do mundo, em como há de agradar ao marido". Comece a fazer para seu marido as coisas que você sabe que o agradam. Costure aquele botão do qual ele fala há tanto tempo. Tire o jantar no horário. Desfrute um jogo de futebol com ele. Cozinhe a torta que ele adora ou instrua as crianças a tirar a bicicleta da entrada da garagem antes de ele chegar em casa. Faça do realizar os desejos de seu marido um desígnio para você e seus filhos. Quando você fizer isso, verá que seu relacionamento matrimonial adquire um novo significado.

CAPÍTULO 3

Aceite seu Marido como ele É

O dom mais importante de Deus é o relacionamento pessoal com Jesus Cristo. Para a mulher casada, o próximo dom mais importante dEle é seu casamento. Esse é um relacionamento que Deus criou e honra. Quando ela corresponde a seu marido da maneira como o Deus quer que faça, pode esperar pela bênção divina.

CASAMENTO — DOM MARAVILHOSO OU PACOTE SURPRESA

Quando recebeu seu "presente", pode ter pensado que ele era perfeito. Mas depois do "sim", quando você começa a desembrulhar o pacote, descobre que a dádiva era uma surpresa. Você pode até achar que pegou o marido errado. É importante perceber que apesar de não saber exatamente o que conseguiu, Deus sabe.

Uma coisa maravilhosa sobre Deus é que Ele não falha. Se você confiar nEle, Ele lhe dá todas as coisas e as opera para o seu bem (veja Rm 8.28). Ele pode usar exatamente o que você menos gosta em seu marido para moldá-la à imagem de Cristo. Ele quer que você estabeleça um período de vida de contentamento com aquele a quem prometeu honrar e estimar.

O QUE A ACEITAÇÃO ENVOLVE

Você aprende a aceitar os outros, inclusive seu marido, ao perceber como Deus a aceita: "Cristo morreu por nós, sendo nós ainda pecadores" (Rm 5.8). Deus ama e aceita você incondicionalmente. Você não está em período de experiência com Ele. Portanto, amor e aceitação incondicionais deveriam ser as bases de seu casamento.

Às vezes, você pode sentir que o casamento exige demais de você para aceitar seu marido como ele é. Mas garanto que quando começa a aceitá-lo, você desenvolve um relacionamento mais significativo com ele porque os dois terão a liberdade que precisam para amadurecer.

Quando aceita seu marido como ele é, você lhe dá a liberdade de ser o homem que ele quer ser. Ele tem a liberdade de ir e vir conforme deseja, bem como para tomar as decisões necessárias. Em outras palavras, o verdadeiro amor é dar liberdade e espaço para o outro! Seu marido a amará sincera e livremente como quando ele escolheu casar com você, a menos que você sufoque esse amor com sua possessividade.

Uma planta precisa de água, sol e ar fresco, com espaço para espalhar suas raízes a fim de crescer e ficar saudável. Por essa mesma razão, o homem precisa de amor, liberdade e aceitação incondicionais a fim de amar e apreciar você, como Deus quer que ele faça. À medida que você ama incondicionalmente seu marido — sem exigências e ultimatos —, verá que ele é atraído por você como o ferro o é pelo imã.

O verdadeiro amor é descrito de uma bela maneira em 1 Coríntios 13.4-7:

> O amor é paciente, é benigno; o amor não arde em ciúmes, não se ufana, não se ensoberbece, não se conduz inconvenientemente [descortesmente], não procura os seus interesses, não se exaspera, não se ressente do mal; não se alegra com a injustiça, mas regozija-se com a verdade; tudo sofre, tudo crê, tudo espera, tudo suporta [sem enfraquecer] (ARA; inserção da autora).

Lembre-se, você não tem o poder de amar assim, mas Jesus Cristo pode amar por meio de você, se permitir que Ele assim o faça.

OFEREÇA SUAS EXPECTATIVAS A DEUS

O fundamento de seu descontentamento e inabilidade para aceitar seu marido está em suas expectativas em relação a ele e no fracasso dele em atingir suas metas. Quando ele fracassa em viver à altura de sua expectativa, você fica ferida, irritada e desapontada. Você e seu marido apenas ficarão contentes e livres quando você desistir de estabelecer metas e deixar de esperar que ele seja quem não é.

Mary era realmente prisioneira de suas idéias preconcebidas de como seu marido devia agir. Ela foi criada em uma casa em que se esperava que a pessoa tivesse maneiras apropriadas à mesa. Quando seu marido, Don, pela primeira vez se apresentou à mesa de jantar de camiseta de baixo e pôs seus cotovelos sobre a mesa, ela ficou chocada. À medida que o tempo passava, Mary descobria que ele tinha outros hábitos que ela considerava desagradáveis. Tentou corrigi-lo, mas seus esforços apenas trouxeram tensão para o relacionamento deles, em vez de mudarem Don.

Quando, finalmente, Mary submeteu suas expectativas a Deus, a tensão entre ela e Don desapareceu. Depois, quando seu marido veio à mesa de refeição vestido de maneira apropriada, ela ficou agradecida. Quando as maneiras dele não atendiam a suas expectativas, ela não ficava desapontada. Don, com o ambiente favorável pela aceitação dela, começou a melhorar, por si mesmo, suas regras de comportamento.

Se, como Mary, você está desapontada com seu marido deve tentar fazer com que ele perceba a necessidade em sua vida que apenas Cristo pode perceber. "E quem nela [em Cristo] crer não será confundido" (1 Pe 2.6; inserção da autora). Deixe que seu desapontamento seja um sinal para apenas adorar a Cristo.

MUDAR SEU MARIDO

Pode parecer certo ajudar seu marido a apenas mudar as atitudes e as peculiaridades que o fazem infeliz. Mas seu bem-intencionado esforço diz a ele: "Eu não o amo como você é. Quero que você seja diferente". Um homem deseja que sua esposa tenha orgulho dele, não vergonha. Quando ela não tem orgulho, ele fica desencorajado. As habilidades masculinas que Deus concedeu a ele para enfrentar a vida são sufocadas, em vez de liberadas. Ele não pode ter uma vida saudável e satisfatória quando está constantemente em julgamento. Sua intenção pode ser sincera, mas pode levar a um desastre. Deus afirma: "Há caminho que parece direito ao homem, mas o seu fim são os caminhos da morte" (Pv 16.25).

Deus não lhe deu o emprego de sentenciar seu marido por pecado ou erro. Esse é o trabalho do Espírito Santo (veja Jo 16.8-11). Quando você assume esse trabalho, só interfere no caminho de Deus e retarda o trabalho dEle. Lembre-se de que você não é a mãe de seu marido — corrigindo-o e treinando-o. Ter boas intenções para o futuro dele não é suficiente. Você deve agir de acordo com os princípios estabelecidos pela Palavra de Deus.

A comunicação desaparece em uma atmosfera de não aceitação. Quando seu marido lhe conta o que ele fez ou disse, não critique, não chame atenção para aquilo em que ele errou nem lhe diga o que poderia ter feito. Se você faz isso, ele pode decidir que é menos doloroso guardar para si mesmo seus pensamentos e parar de confiar em você. Apenas quando ele tem certeza de sua total aceitação, é capaz de confiar em você. Se você respeitar essas confidências, ele sabe que pode confiar que você não o ridicularizará nem o menosprezará. Se você tiver de contar os segredos dele, conte-os apenas a Jesus Cristo.

VOCÊ, A MULHER CRÍTICA

Você está ciente de que um conselho não solicitado é, na verdade, uma crítica velada? Sim, dar conselhos não pedidos é exatamente outra maneira de tentar mudar o seu cônjuge. Uma amiga minha, Tammy, parou com seus métodos óbvios de corrigir seu marido, Jack. Contudo, ele não confiava sinceramente nela, e Tammy não entendia a razão disso.

Um dia, quando andavam juntos de carro, ele começou a lhe contar sobre uma de suas transações de negócio. Tammy começou a responder de sua forma habitual: "Se fosse eu, teria feito isso e aquilo", e: "Por que você não lidou com isso dessa maneira?"

Jack, de repente, parou de falar. Quando finalmente ela conseguiu que ele lhe dissesse o que estava errado, ele falou: "Você nunca aprova ou concorda com qualquer coisa que eu faça. Eu não deveria nem tentar partilhar isso com você".

Tammy não tinha percebido que seu conselho não solicitado, na verdade, era uma crítica a ele. Honestamente, ela não havia tentado diminuí-lo. Com tristeza, percebeu que seu conselho, ou crítica velada, significava, para Jack, que ela não o aceitava como ele era.

Vejamos o que Jesus disse sobre a crítica:

> Não julgueis, para que não sejais julgados, porque com o juízo com que julgardes sereis julgados, e com a medida com que tiverdes medido vos hão de medir a vós. E por que reparas tu no argueiro que está no olho do teu irmão e não vês a trave que está no teu olho? Ou como dirás a teu irmão: Deixa-me tirar o argueiro do teu olho, estando uma trave no teu? Hipócrita, tira primeiro a trave do teu olho e, então, cuidarás em tirar o argueiro do olho do teu irmão (Mt 7.1-5).

Quando você critica seu marido ou qualquer outra pessoa, assume uma atitude que diz o seguinte: "Eu sou melhor que você". Não seria mais sábio pedir que Deus lhe mostre suas falhas e deixá-lo lidar com seu marido da maneira que achar melhor? Faça disso um hábito: quando tiver vontade de mudar alguma coisa em seu marido, peça a Cristo para lhe mostrar suas próprias faltas. Se você seguir o conselho de Jesus para que com "humildade; cada um considere os outros superiores a si mesmo" (Fp 2.3), sua atitude crítica, de justificar a si mesma ou de mártir, desaparece.

Não tente mudar seu marido, ao exigir que seja como você quer. Apesar de você sentir que foi bem-sucedida em alguma área quando ele cede, pode ser que ele apenas queira manter a paz na família. Depois de um período de tempo, sua atitude dominadora pode gerar uma frieza em seu marido e, por fim, destruir o amor que ele tem por você. Você pode vencer umas poucas batalhas, mas perderá a guerra. O "sucesso" temporário não vale a perda de um relacionamento matrimonial belo e satisfatório.

SEU VIZINHO, O MODELO DE MARIDO

Tentar mudar seu marido usando outros homens como os exemplos brilhantes também não funciona. Abstenha-se de mencionar o vizinho que mantém o quintal bem arrumado quando você quer que seu marido faça o mesmo em seu quintal. Se você o lembrar do guarda-roupa caro que Bill comprou para Jane ou do sucesso de seu pai ao lidar com uma situação, você está dizendo em alto e bom som: "Eu não estou contente com você como você é". A manipulação não encoraja seu marido a amá-la e apreciá-la.

Quando você não aceita seu marido da maneira como ele é, ele pode se revoltar como o escritor de Provérbios sugere: "O vento norte afugenta a chuva, e a língua fingida, a face irada. Melhor é morar num canto de umas águas-furtadas do que com a mulher rixosa numa casa ampla" (Pv 25.23,24). Obviamente, esse tipo de atitude faz com que o homem fique revoltado. Ele luta para manter a liberdade dele a fim de tornar-se o homem que Deus quer que ele seja.

Você pode achar que suas atitudes não a colocam na categoria de mulher desagradável, briguenta ou censuradora, apesar de seu marido estar agindo com raiva e revolta. Peça a Deus para lhe mostrar como, embora não tivesse essa intenção, você provocou o mau gênio dele. Se Cristo indicar alguma coisa errada em seu comportamento, confesse isso como pecado, espere e confie nEle para viver lado a lado com você e transformá-la. Saiba que Ele pode levá-la a errar apenas para poder trabalhar em você, a fim de que alcance o benefício dEle quando você se deixar guiar por Ele. Deus promete a seus filhos: "E restituir-vos-ei os anos que foram consumidos pelo gafanhoto [...] e o meu povo não será mais envergonhado" (Jl 2.25,26).

A FÓRMULA DE DEUS PARA A ACEITAÇÃO DE SEU MARIDO

Deus tem um plano por meio do qual você aprende a aceitar seu marido. Isso é claramente indicado em Filipenses 4.4,6-8:

> Regozijai-vos, sempre, no Senhor [...] Não estejais inquietos por coisa alguma; antes, as vossas petições sejam em tudo conhecidas diante de Deus, pela oração e súplicas, com ação de graças. E a paz de Deus, que excede todo o entendimento, guardará os vossos corações e os vossos sentimentos em Cristo Jesus. [...] tudo o que é verdadeiro, tudo o que é honesto, tudo o que é justo, tudo o que é puro, tudo o que é amável, tudo o que é de boa fama, se há alguma virtude, e se há algum louvor, nisso pensai.

O primeiro passo no plano de Deus é a total entrega de seus problemas a Ele. Cristo — independentemente do que a preocupa, frustra ou irrita — diz que você deve contar tudo a Ele. Depois, deixe que Ele resolva isso. Resista ao impulso de retomar o problema, apenas porque você "pensou em alguma coisa mais que pode funcionar". Confie nEle para solucionar a questão. Se não confiar, na verdade, você está dizendo: "Deus, o Senhor não está apto para lidar com meu problema".

Não faça como o homem que caminhava ao longo da estrada com um pesado fardo nas costas. Um fazendeiro parou para lhe oferecer carona. O homem subiu no caminhão do fazendeiro, mas continuou carregando o fardo nas costas. O fazendeiro lhe perguntou: "Por que você não põe o fardo no caminhão?" O homem respondeu: "Fiquei tão contente por você me dar uma carona que não queria lhe pedir para carregar também o meu fardo".

Que tolo! Mas isso é o que você faz quando não deixa Jesus carregar todos os seus problemas. Ele morreu por você e pagou por seus pecados. Ele lhe oferece vitória sobre cada problema e fica contente quando você pede isso (veja 1 Co 10.13).

Como você entrega seus fardos e problemas para Deus? Ao falar com Ele sobre os mesmos. Isso é oração — simplesmente abrir-se com Deus, sabendo que Ele entende com perfeição. Deus não impõe as soluções dEle, embora Ele seja o Deus do universo. Em vez disso, Ele espera que você vá até Ele, compartilhe e peça sua ajuda.

Como Ele vê as coisas de um ponto de vista diferente e sabe o que é melhor para você, não o limite ao dizer-lhe quando e como responder a suas orações. Deixe-o resolver seus problemas de acordo com o tempo e o plano dEle. Depois, agradeça-lhe por responder, confiando que Ele fez o melhor.

Depois de entregar seus problemas a Deus e agradecer-lhe por cuidar deles, fixe sua mente em todas as qualidades puras, honráveis e louváveis de seu marido (se seu problema envolver a pessoa de seu cônjuge). Ele se levanta todas as manhãs e, independentemente de como se sinta, vai para o trabalho? Agradeça a Deus. Ele é gentil e complacente com os filhos? Agradeça ao Senhor. Ele é uma pessoa sociável? Seja grata.

Se você tem dificuldade de achar alguns traços positivos em seu marido, volte o pensamento para as qualidades que a aproximaram dele antes do casamento. Essas características ainda estão nele, mas foram enterradas durante os anos de casamento. Concentre-se nas características positivas, e os pontos fracos dele diminuem. Essa idéia é diferente de um plano de auto-aperfeiçoamento, porque você confia em Deus para melhorar você e seu marido quando segue o preceito dEle.

É reconfortante perceber que os traços negativos são traços positivos distorcidos. Se os traços negativos podem ser modificados ou canalizados para a direção certa, eles podem se transformar em força. A obstinação pode se tornar perseverança. A covardia pode se tornar gentileza. A falta de tato pode se tornar sinceridade. Se você confia em Jesus Cristo para cuidar dos problemas de seu marido e fixa sua mente nas habilidades de seu cônjuge, você pode ajudá-lo a transformar coisas ruins em boas.

O resultado que você pode esperar é descrito em Filipenses 4.8. Você sentirá a paz de Deus, que é mais maravilhosa do que a mente humana pode entender. Essa paz é a quietude interna e profunda que não depende das circunstâncias, mas de seu relacionamento com Jesus Cristo.

A fórmula pode ser estabelecida dessa maneira: problemas transferidos para Cristo + foco nas coisas positivas = paz.

APLICAÇÃO

Agora que você sabe que pode aceitar seu marido como ele é, tente aplicar o princípio em seu relacionamento matrimonial. Procure oportunidades para dizer a seu marido que você está feliz por ele ser o tipo de homem que é. Diga-lhe que você sabe que cometeu muitos erros e deseja corrigi-los. Explique que você percebeu que não tem sido a esposa amorosa, compreensiva e submissa que deveria ser. Mostre a seu marido, por meio de suas ações, e também de suas palavras, que o aceita como ele é. Vocês dois começarão a sentir a completa alegria e liberdade que vem de seguir os princípios de Deus.

CAPÍTULO 4

Ajude seu Marido a se Amar

Jesus nos dá os mandamentos-chave para que haja realização e contentamento em sua vida: "Amarás o Senhor, teu Deus, de todo o teu coração, e de toda a tua alma, e de todo o teu pensamento" (Mt 22.37). Esse é o maior mandamento e o primeiro em importância. O segundo é: "Amarás o teu próximo como a ti mesmo" (Mt 22.39). Quando o primeiro mandamento é verdade em sua vida, o segundo pode se tornar uma realidade. Além disso, você não pode amar a mais ninguém se antes não amar a si mesma. E você apenas pode amar a si mesma quando se vê sob o ponto de vista de Deus. Na Bíblia você descobre:

1. Você é uma pessoa de *mérito* e *valor* — tão valiosa que Jesus Cristo quis deixar as glórias do céu para se tornar o Deus-Homem, viver uma vida pura e morrer para pagar pelos seus pecados. Se você fosse a única pessoa viva, Ele ainda desejaria morrer apenas por você (veja 1 Pe 1.18-22).
2. Você *pertence* à família real e tem a melhor herança possível. Como membro da família de Deus você não precisa nunca se sentir inferior.

3. Se você é cristã, Deus a aceita como você é.
4. Deus a ama incondicionalmente.
5. Se você é cristã, Deus promete prover todas as suas necessidades. "O meu Deus, segundo as suas riquezas, suprirá todas as vossas necessidades em glória, por Cristo Jesus" (Fp 4.19). Quando você percebe que está em Cristo, pode se livrar do sentimento de culpa ou de inferioridade e começar a amar a si mesma. Uma vez que você se ame, pode genuinamente amar seu marido e perceber as necessidades dele que Deus quer que você perceba.

Uma dessas necessidades é narrada em Efésios 5.33: "Assim também vós, cada um em particular ame a sua própria mulher como a si mesmo, e a mulher reverencie o marido". Seu marido tem grande necessidade de saber que você tem orgulho e se agrada dele, e o admira.

Nada é demais para ele se tiver seu amoroso apoio e admiração. Veja, os atos elogiosos são estímulos e fonte de encorajamento, ao passo que os atos de queixa são debilitantes e fonte de desencorajamento.

Quando você preenche a necessidade de admiração de seu marido, você o ajuda a amar a si mesmo. Desta maneira, em troca, ele está apto a nutrir, proteger e acariciar você como está descrito em Efésios 5.28,29: "Assim devem os maridos amar [em sentimento] a sua própria mulher como a seu próprio corpo. Quem ama a sua mulher ama-se a si mesmo. Porque nunca ninguém aborreceu a sua própria carne; antes, a alimenta e sustenta, como também o Senhor à igreja".

Saber que Deus fez você e seu marido diferentes, para que um possa completar o outro, é um incentivo para conhecer a necessidade dele a fim de que possa louvá-lo e admirá-lo. Lembre-se, cada um de vocês fica incompleto sozinho, mas juntos vocês formam um todo. A necessidade de admiração de seu marido é suprida por meio de seu genuíno elogio. Em troca, o amor e a força dele podem satisfazer sua necessidade de carinho e proteção. Sua intuição complementa a sabedoria dele. Seu leal apoio sustenta a atividade dele. Quando você e seu marido usam essas habilidades para fortalecer um ao outro, desenvolvem um casamento duradouro.

Você tem mais motivação para entender seu papel no casamento conforme estabelecido em 1 Coríntios 11.7: "O varão [...] é a imagem e glória de Deus, mas a mulher é a glória do varão". Como o homem permite que Jesus Cristo controle sua vida pelo poder do Espírito Santo, as qualidades de Cristo se manifestam por meio dele, e ele reflete a glória de Deus. Sua esposa, contudo, deve refletir a glória de seu marido. Ela faz isso ao prestar atenção em suas qualidades louváveis, ao elogiá-lo, honrá-lo e dar-lhe a distinção apropriada.

Quando elogia seu marido de forma sincera, você pode precisar de ajuda para descobrir os traços, os interesses e os pontos fortes que você honestamente admira. Descobrir coisas que você negligenciou por anos pode ser estimulante. Como você se sente ao detectar essas qualidades escondidas?

1. Preste atenção em seu marido

Se deseja um homem com boa auto-estima, elogie-o por sua força física e pela facilidade com que faz coisas varonis ou difíceis, como abrir pote emperrado, mover os móveis, cortar a grama e carregar equipamentos pesados, e até mesmo por fazer tarefas simples, usualmente tidas como femininas, como lavar louça ou tirar pó. Demonstre agradecimento sempre que ele fizer alguma pequena tarefa em torno da casa em vez de dizer: "Bem, já não era sem tempo".

Gradualmente, seu apreço e gratidão o encorajam a fazer coisas em torno da casa se ele já pretendia fazê-las. Mas não fique desencorajada se a primeira reação a este seu comentário: "Hum, com certeza você tem braços fortes!" for esta: "Você também teria braços fortes se sempre os usasse". Ele pode ter construído um muro a sua volta, porque não tinha seu apreço no passado. Dê-lhe tempo.

Elogie-o por seu físico, por sua voz, e mostre apreciação por sua coragem, honra, determinação, esperteza, inteligência, destreza, realização, habilidades, liderança, aspirações e/ou ideais. Você o agradeceu ultimamente pelo tempo que gasta provendo o sustento da família? Agradeça sua constância em lhe dar demonstrações das qualidades louváveis de confiança e responsabilidade.

Elogie-o pela maneira como mantém suas convicções e dirige sua casa e família. Você pode nem sempre concordar com as decisões dele, mas pode cumprimentá-lo por sua coragem em permanecer fiel a elas. Aprove e elogie quando ele alcança seus objetivos. Você pode ter chamado sua determinação de teimosia. Se você vê isso como uma característica valiosa, Deus pode usá-la para tornar isso útil para Ele. (Certifique-se de pedir que Deus lhe mostre a maneira de usar esse princípio da admiração.)

Essas são umas poucas sugestões para você começar. Agora, uma palavra de atenção: comece de maneira moderada, confiando em Cristo, para que Ele indique as coisas em seu marido que você pode, com sinceridade, elogiar. Se você começa com muito ímpeto pode parecer falsa.

Se você tem filhos homens, preste atenção para também elogiá-los pelas qualidades e características masculinas. Seu encorajamento sábio o ajudará a se tornar um homem forte, com melhor compreensão de si mesmo e do papel que Deus tem para ele.

Tenha certeza de que seus motivos são corretos quando você elogia seu marido. Se fizer isso com a intenção de mudá-lo ou manipulá-lo, ele pensará que você o está lisonjeando ou "adulando" para conseguir alguma coisa. Peça a Deus para lhe dar motivos puros e, depois, pela fé, acredite que Ele lhe dará esses motivos.

2. Ouça seu marido

Mesmo que seu marido fale sobre alguma coisa que você não entenda ou que não lhe interesse, dê-lhe sua total atenção. Você aprende muito sobre ele. Você começa a detectar como ele se sente em relação às pessoas e situações. Você até descobre dimensões nobres e maduras no caráter dele que nunca pensou que existissem. Muitas mulheres não conhecem o marido, porque nunca abandonaram o muito falar para escutá-los.

3. Desenvolva o interesse por coisas que ele gosta

Se você for casada com um esportista, aprenda o suficiente sobre seu esporte favorito; assim, ele pode falar com você sobre isso. Mas não se torne uma especialista. Ele se deliciará em ensiná-la algumas coisas se você demonstrar interesse. Você pode não acreditar nisso agora, mas depois que aprender alguma coisa sobre os interesses dele, quer esportes quer passatempos prediletos, verá que também terá prazer com a maior parte deles.

NÃO FIQUE DESENCORAJADA

No início, você pode se sentir totalmente tola ao elogiar seu marido. Mas se você se lembrar das necessidades dele e continuar pela fé, você verá que as palavras elogiosas saem cada vez com mais e mais facilidade. Na prática, é provável que você descubra que gosta de elogiar tanto quanto ele aprecia receber elogios.

Muitas mulheres sentem que o marido já é tão egocêntrico que têm medo de expressar admiração abertamente e seu marido se tornar ainda mais vaidoso. Na verdade, é provável que ocorra o oposto. O homem que se gaba usualmente se sente inseguro e está tentando convencer-se a si mesmo e a você de que ele é excelente.

"Exibir-se" é a tentativa dele de apoiar o próprio ego. Dê-lhe atenção e elogios, e logo ele começa a acreditar em si mesmo e não mais sentirá necessidade de se gabar. Se, de fato, ele for egocêntrico, seu trabalho não é corrigir sua fraqueza, mas apoiá-lo e encorajá-lo. À medida que você ora por ele, confie em Deus para lidar com o problema dele.

Carol, depois de aplicar esses princípios de admiração, disse animada: "Não sei como meu marido 'engoliu isso'! Ontem, ele ficou em casa na hora do almoço, por cerca de uma hora e meia, em vez dos trinta minutos habituais. Pensei que ele nunca voltaria para o trabalho". Rindo, ela continuou: "Se ele continuar assim, eu não conseguirei mais fazer nenhum trabalho". É claro, ela estava se deliciando com a atenção dele, tanto quanto ele saboreava a admiração dela.

Quando você confia em Jesus Cristo para ajudá-la a entender seu marido, ficará agradavelmente surpresa em descobrir o homem maravilhoso com quem se casou. Pela primeira vez, você pode ver que ele esteve expressando seu amor por você durante todo o tempo. Como nem sempre ele o demonstrou de maneira carinhosa e sensível, você não reconheceu essas demonstrações como amor.

Talvez ele arrume a cozinha depois de uma discussão, ou a provoque constantemente, ou faça aquele armário especial que você quer, ou mesmo revolva a terra naquela área perto da garagem para que você possa plantar rosas. Não force seu marido a expressar seu amor da mesma maneira como você o faz. Aceite esses gestos de amor, até mesmo a constante provocação dele, como uma forma de dizer que a ama.

Se você tiver dificuldade em achar qualidades admiráveis em seu marido, acredite, pela fé, que elas existem apesar de estarem adormecidas. "[O amor] tudo sofre, tudo crê, tudo espera, tudo suporta [sem enfraquecer]" (1 Co 13.7; inserções da autora). Sua crença resoluta nele começará a revelar suas características positivas. Não o pressione, apenas acredite nele, e você começará a ter um relacionamento mais profundo e íntimo com seu cônjuge.

SEU PRÊMIO

Você sente que esse relacionamento matrimonial é todo unilateral, que seu marido recebe todos os benefícios? Bem, anime-se. Quando segue o plano de Deus para sua vida, você é três vezes recompensada. Primeiro, à medida que seu marido começa a responder a sua amorosa admiração, uma de suas recompensas é ele expressar sua apreciação e amor por você. A Palavra de Deus ensina: "Porque tudo o que o homem semear, isso também ceifará" (Gl 6.7). Sua paciência amorosa e amável com seu marido desperta o que há de mais nobre e melhor nele. E vale a pena trabalhar para alcançar isso.

É claro que todo homem é diferente. Um reage com rapidez e amor à abertura dada por sua mulher. Outro não reage com rapidez nem com facilidade. É nosso serviço responder pacientemente a Deus e a nosso marido em amorosa submissão. O papel de Deus é operar na vida de seu marido. Confie em Deus para consertar qualquer dano feito ao seu relacionamento matrimonial porque você não deixou Jesus Cristo controlar sua vida. Se você, por anos, plantou sementes de amargura, ciúmes ou egoísmo, pode levar algum tempo para Deus tirar as ervas daninhas.

Contudo, tente ser honesta e objetiva. Não assuma responsabilidades que são apenas de seu marido. Saiba que há necessidades na vida dele que você não pode preencher, como a necessidade dele de servir o Cristo Senhor em sua vida, ou a necessidade dele de aceitação e aprovação dos outros em seus negócios e na sociedade. Seu trabalho principal é confortar, encorajar e apoiar seu cônjuge quando ele está com você.

Segundo, Jesus Cristo lhe dá paz interior e estabilidade quando você vive para agradar e obedecer a Ele, e não a si mesma (veja Rm 8.6,7). Se você aceitar seu marido como ele é, admirá-lo e cuidar de sua família porque Cristo a instruiu a assim fazer, não ficará "cheia de si" quando seu marido a elogiar por seu esforço. Nem ficará desencorajada quando ele deixar de elogiá-la por um trabalho bem feito. Você percebe que o que aconteceu como resultado de sua obediência a Cristo é responsabilidade dEle. "Tendo por certo isto mesmo: que aquele que em vós começou a boa obra a aperfeiçoará [a boa obra] até ao Dia de Jesus Cristo" (Fp 1.6; inserção da autora).

Se, por exemplo, você limpa sua casa apenas para receber um elogio de seu marido, e ele apenas disser: "Ei, você esqueceu uma teia no canto", isso arruinaria seu dia. Mas se, acima de tudo, você limpa a casa para agradar o Senhor, você não se sente tão ferida.

Terceiro, você receberá prêmios na eternidade quando confia em Cristo e lhe obedece em cada necessidade. "E, tudo quanto fizerdes, fazei-o de todo o coração, como ao Senhor e não aos homens, sabendo que recebereis do Senhor o galardão da herança, porque a Cristo, o Senhor, servis" (Cl 3.23,24).

Se estiver tentada a "admitir a derrota", lembre-se que se confiar fielmente em Cristo você receberá prêmios na terra e na eternidade. "Se a obra que alguém edificou [...] permanecer, esse receberá galardão" (1 Co 3.14).

Certa vez, esse exato princípio sobre a recompensa me sacudiu para confessar um pecado em minha vida. Eu estava com muita raiva de certa pessoa e, de forma acintosa, a discriminava verbalmente — deleitando-me em fazer isso. Eu sabia que estava errada e que podia esperar disciplina da parte de Cristo se não confessasse meu pecado (veja Hb 12.6). Mas minha atitude era: "Ainda tenho algumas coisas que quero dizer antes de pedir perdão".

Deus, depois de algum tempo, trouxe a minha mente o princípio do prêmio eterno, lembrando-me de que minha atitude pecaminosa poderia causar dano para mim agora e que eu poderia perder meu prêmio eterno (veja 1 Co 3.11-15). Esse foi o aviso que eu precisava para me ajudar a perceber que não queria pagar esse alto preço pelo pecado.

Você não se desaponta por confiar em Jesus Cristo. Sob o plano dEle, você pode esperar o máximo de benefícios para ambos, você e seu marido.

CAPÍTULO 5

Não o Segundo Melhor

A fim de realizar adequadamente seu papel como esposa você deve perceber o lugar que Deus espera que seu marido ocupe em sua vida. Quando examinamos Efésios 5.24, vemos que o relacionamento marido-esposa é paralelo ao relacionamento de Cristo com a igreja (todos os crentes). "Assim como a igreja está sujeita a Cristo, assim também as mulheres sejam em tudo sujeitas a seu marido". Você, como crente, deve depender totalmente de Jesus Cristo para sua real existência. Quando Jesus é o primeiro em sua vida espiritual íntima, Ele a deixará apta a pôr seu marido em primeiro lugar em seus relacionamentos e atividades humanas.

Quando seu marido fica seguro de ser o primeiro em sua vida, isso fortalece a autoconfiança dele; ele fica mais capaz de encarar o mundo. O fato de ele ser posto para fora de seu negócio pelos concorrentes é menos doloroso se ele puder retornar ao céu que é sua casa, onde você o aceita, admira e apóia.

Contudo, lembre-se, é de seu apoio, não de sua proteção que seu marido precisa. Ele desenvolve traços de independência, coragem e confiança apenas se encarar e resolver seus problemas — com seu apoio, não com sua proteção ou sufocação. Se você tiver a tentação de sentir pena dele, lembre-se que a maioria dos homens floresce com o desafio de cuidar e proteger sua família, não sendo cuidado ou protegido.

No momento do casamento, você e seu marido tornam-se um ou "uma carne" (veja Gn 2.24). Agora, uma pessoa normal jamais fere a si mesma intencionalmente. Com freqüência, mesmo as esposas ferem seus maridos sem intenção — sua própria carne. À medida que você dá cada vez mais liberdade para que Jesus Cristo a controle, Ele a torna capaz de amar seu marido como ama a si mesma, e não vai querer feri-lo de maneira alguma.

À medida que procura a Palavra de Deus, quando você estuda os princípios que estamos discutindo, e quando permite que Cristo controle sua vida, Ele a tornará capaz de amar seu marido como a si mesma. Ele lhe mostra de que maneiras você pode estar ferindo seu cônjuge. Confie em Deus para ajudá-la a corrigir qualquer atitude prejudicial sua. Assim, você se tornará a benevolência para seu marido que Deus descreve em Provérbios 18.22: "O que acha uma mulher acha uma coisa boa e alcançou a benevolência do Senhor". Que privilégio temos em ser capazes de descobrir as necessidades de nossos maridos!

ATITUDES E AÇÕES A SEREM EVITADAS

Deslealdade: À medida que estuda sua Bíblia, você descobre certas atitudes e ações que não estão em harmonia com o plano de Deus para você como respondente. A *deslealdade* com seu marido é uma delas. Se você ama seu marido como a si mesma, você o protege e é leal a ele em sua presença ou ausência. "[O amor] não se porta com indecência, não busca os seus interesses, não se irrita, não suspeita mal; não folga com a injustiça, mas folga com a verdade; tudo sofre, tudo crê, tudo espera, tudo suporta" (1 Co 13.5-7).

Ser leal significa que você confessa como pecado e evita qualquer atitude crítica que possa ter em relação a seu marido. Confie em Jesus Cristo para lhe mostrar coisas boas e positivas para dizer sobre ele, em vez de dizer coisas negativas. Sua crítica ou atitude indelicada em relação a seu marido, em especial em frente dos outros, pode feri-lo tanto quanto um tapa na cara.

Mesmo a crítica dirigida a outra pessoa que não seu marido pode lhe custar o respeito e a confiança dele. Ele pensa, e sem dúvida com legitimidade, que sua atitude crítica não se resume a certa pessoa, mas influencia todos seus relacionamentos.

O fato de você perceber que usualmente as faltas que a incomodam nos outros são as mesmas com que tem dificuldade de lidar em si mesma pode ajudá-la nisso. Por isso, elas a irritam. Cristo afirmou: "Não julgueis, para que não sejais julgados [...] E por que reparas tu no argueiro que está no olho do teu irmão e não vês a trave que está no teu olho?" (Mt 7.1,3)

> Portanto, és inescusável quando julgas, ó homem, quem quer que sejas, porque te condenas a ti mesmo naquilo em que julgas a outro; pois tu, que julgas, fazes o mesmo [que aquele que censuras ou denuncias] (Rm 2.1; inserção da autora).

Egoísmo: Tenha certeza de que não dá a seu marido o sentimento que ele odeia suportar. Depois de gastar horas lavando, limpando e cozinhando para ele, você pode pensar que é a epítome do altruísmo. Mas o desejo de quem você leva em consideração quando aceita ou rejeita um compromisso para jantar? O gosto ou aversão de quem você leva em consideração quando planeja uma refeição? As incumbências de quem você faz primeiro? Quando compra alguma roupa para seu marido, escolhe o que você gosta ou o que está de acordo com o que ele mais gosta?

Você planeja suas atividades de tal maneira para que possa parar e conversar com ele, caso precise ao chegar do trabalho? Lembre-se, ele pode facilmente saber, quando conversa com você, se tem ou não toda a sua atenção. O ar desinteressado em sua face, espiar o relógio, olhar para fora da janela ou um bocejo a traem. Seu interesse deve ser sincero.

Ciúmes: Você também tem de tomar cuidado com o ciúme, se ama seu marido como a você mesma. O ciúme diz a seu marido que você ama mais a si mesma que a ele, porque você quer fazer o que deixa você feliz mais que fazer o que o deixa feliz. O ciúme é simplesmente impedir que a outra pessoa tenha alegrias que a afastem de você. Você pode se ressentir com o tempo disponível dele que a carreira consome ou que ele gasta com alguma outra atividade ou pessoa. No entanto, se você o amar como ama a si mesma, você lhe dará liberdade a fim de fazê-lo feliz.

Você pode se perguntar: "O que faço se o perder?" Essa é uma preocupação normal. Mas lembre-se que você pertence a Jesus Cristo. Confie a Ele seus temores, e Ele protege seus interesses.

> E, naquele dia, farei por eles aliança com as bestas-feras do campo, e com as aves do céu, e com os répteis da terra; e da terra tirarei o arco, e a espada, e a guerra e os farei deitar em segurança. E desposar-te-ei comigo para sempre; desposar-te-ei comigo em justiça, e em juízo, e em benignidade, e em

> misericórdias. E desposar-te-ei comigo em fidelidade, e conhecerás o Senhor (Os 2.18-20).

Se você pedir que Deus tire seu ciúmes e confiar nEle para ajudá-la, ganhará o amor de seu marido em vez de perdê-lo.

Contudo, se você continuar controlando seu marido pode esperar relações inamistosas com ele.

"Porque furioso é o ciúme do marido [o errado]; e de maneira nenhuma perdoará no dia da vingança" (Pv 6.34; inserção da autora).

O segredo da vida saudável para marido e esposa é encontrado em Provérbios 14.30: "O coração com saúde é a vida da carne, mas a inveja é a podridão dos ossos".

Sarah, após ouvir esses princípios sobre o ciúme, percebeu que seu ciúme foi um dos principais fatores de seu marido a deixar e pedir o divórcio. Imediatamente, ela decidiu endireitar sua relação com o Senhor ao confessar a Ele, como pecado, seu ciúmes, amargura, ressentimento e desejo de vingança. Embora seu marido tenha se afastado, ela entregou a situação ao Senhor, confiando nEle para defender seus interesses.

Como ela confiou em Deus, momento após momento, sua vida começou a ter uma nova estabilidade externada por meio de um espírito calmo e gentil. Durante as raras ocasiões em que seu marido estava em casa, ela começou a lhe mostrar que o aceitava como ele era. Ela o admirava em vez de o criticar, e dava-lhe liberdade para fazer o que quisesse e para ser o homem que desejava ser. Em outras palavras, ela tornou o tempo que passavam juntos agradável para ambos.

Em poucas semanas ele voltou para casa. Com o passar do tempo, começou a ficar em casa durante todo seu dia de folga

— de fato, uma vitória. Assim, um dia em que sentaram no quintal da piscina para conversar, ele comentou: "É simplesmente magnífico passar o tempo com você".

Autoritarismo: Por fim, não diga a seu marido como levar a vida. Quando ele partilha seus problemas com você, evite responder-lhe como você gostaria que ele respondesse a você. Em geral, quando nós mulheres temos problemas queremos que nosso marido nos dê a solução. (A propósito, não peça a ajuda de seu marido para resolver um problema a menos que esteja preparada para aceitar seu conselho ou solução.)

Por outro lado, quando seu cônjuge tem um problema, ele não precisa de você para solucioná-los. Precisa de você para ouvi-lo, ser solidária e para restaurar sua auto-estima ao encorajá-lo a tomar suas decisões. Em outras palavras, você precisa reforçar a fé dele em si mesmo, assim ele fica livre para usar sua habilidade masculina, dada por Deus, para resolver a situação.

ÁREAS DE DESEQUILÍBRIO POTENCIAL

Quando você centra suas atividades em seu cônjuge, tem um marido feliz e uma vida equilibrada para você mesma. Em outras palavras, você será a mulher satisfeita e realizada que deseja ser. Quando você põe seu marido no lugar certo, ele tem mais vontade de lhe dar liberdade para desfrutar de outros interesses e atividades, contanto que não sejam uma ameaça para o papel e a posição dele. Muitos homens são possessivos e dominadores porque sentem que seu papel ou posição masculina nas afeições de sua mulher não está segura.

Este diagrama apresenta o equilíbrio apropriado:

Quando o marido está no centro de suas atividades e quando os raios (outros elementos) de sua vida estão em correta proporção, a roda (sua vida) gira suavemente. Se um raio sai do prumo, a roda oscila ou até se espatifa em seu curso. É o desequilíbrio dos raios que causa problemas, não necessariamente algum raio ou atividade em si mesmo.

1. Afazeres domésticos

Os afazeres domésticos, embora sejam algo bom em si mesmos, facilmente podem perder o equilíbrio e dominar sua vida. Uma mulher que gosta de ter uma casa imaculada pode insistir em que seu marido tire os sapatos antes de andar em seu chão recém-encerado. Ou ela pode não permitir que ele se sente no sofá, porque amassará a almofada. Sua casa, em vez de seu marido, está em primeiro lugar em sua vida.

Por outro lado, a casa de algumas mulheres parece como se um ciclone tivesse passado por lá — confusão e desordem total. Isso, tampouco, honra Jesus Cristo. É-nos dito em 1Coríntios 14.33 que Deus não é um Deus de confusão e desordem, mas de paz e ordem. Em outras palavras, deve haver equilíbrio. A casa de um homem deve ser seu céu, um lugar em que ele pode relaxar e ser ele mesmo. Deve ser uma fonte de alegria e paz para ele.

2. *Filhos*

Os filhos são para significar uma bênção para você. "Eis que os filhos são herança do Senhor, e o fruto do ventre, o seu galardão. Como flechas na mão do valente, assim são os filhos da mocidade. Bem-aventurado o homem que enche deles a sua aljava; não serão confundidos, quando falarem com os seus inimigos à porta" (Sl 127.3-5).

Entretanto, se você põe seus filhos em primeiro lugar, eles não serão a alegria que Deus pretende que sejam para você e seu marido. É muito fácil centrar sua vida em volta deles e de suas atividades e necessidades, e negligenciar seu marido. Você tem a tendência a pensar: "Bem, ele é adulto e pode se cuidar sozinho. Meus filhos são jovens e precisam desesperadamente de mim". Lembre-se, Deus fez a mulher porque o homem precisa dela. O relacionamento entre você e seu marido deve continuar até a morte. Seus filhos ficarão com você apenas por um curto período de tempo.

Não que você possa negligenciar seus filhos. Quando suas prioridades estão em ordem, você encontra o tempo adequado para ambos. A família é uma unidade fechada. Seus filhos se sentem seguros com pais que amam um ao outro, e seu marido não se ressente pelos filhos tomarem seu lugar em sua vida. Você dá o melhor para seus filhos, quando seu marido é o centro de sua vida.

3. *Aparência*

Sua aparência é outra área que diz ao seu marido a importância que ele tem em sua vida. Lembre-se, ele pode ter contato com mulheres estimulantes e bem tratadas no mundo dos negócios, e elas o lembram do que precisa em uma mulher. Ele se apressa em voltar para casa para ficar com sua esposa, ansiosamente abre a porta — e lá está você!

A expectativa dele ou se realiza ou se frustra. Mesmo que você tenha quatro filhos em idade pré-escolar e lide com montanhas de fraldas e pratos, deve dar um jeito, sempre que possível, de gastar alguns minutos para se arrumar antes da chegada dele. Seu marido não quer ser tido como algo garantido, da mesma forma que você também não quer isso em relação a si mesma. Assim, certifique-se de que não gasta todo seu tempo comprando, enfeitando-se e costurando para parecer bem para os outros, em vez de para ele. Dê seu melhor para ele, e você colherá os dividendos.

É claro que você pode se exceder na área do arrumar-se, gastando tanto tempo e dinheiro consigo mesma e com sua aparência, que seu marido pode se perguntar se você se arruma para agradá-lo, ou para atrair outros homens. Arrumar-se pode se tornar uma atividade muito autocentrada. Como outras áreas de sua vida, essa também precisa ser equilibrada.

4. *Dinheiro e segurança*

É muito fácil a área financeira ou as conversas sobre dinheiro e segurança dominarem sua vida. A má administração ou a falta de dinheiro pode ser uma constante fonte de atrito entre você e seu marido.

Há muitos livros sobre o assunto da administração financeira, portanto, não discutiremos o assunto aqui, exceto para indicar que você e seu marido devem, desde o início do casamento, planejar como lidarão com sua renda. Aqui, de novo, você pode aconselhar, mas seu marido deve administrar o dinheiro e guardar as anotações financeiras, a menos que ele peça especificamente que você faça esse trabalho.

A Bíblia, de maneira interessante, fala sobre um homem feliz ser capaz de confiar em sua esposa para comprar e vender; assim é bíblico que um homem entregue sua família e assuntos financeiros aos cuidados de sua esposa, se ela for sábia nesses assuntos. "O coração do seu marido está nela confiado, e a ela nenhuma fazenda faltará. [...] [Ela] examina uma herdade e adquire-a; planta uma vinha com o fruto de suas mãos. [...] Faz panos de linho fino, e vende-os, e dá cintas aos mercadores" (Pv 31.11,16,24).

Quando o dinheiro disponível é pouco, sua atitude em relação à situação e à batalha de seu marido para trazer o suficiente podem motivá-lo ou destruí-lo. É provável que, mais que em qualquer outra situação, nesse caso, seu marido precise de seu apoio e encorajamento. Os homens sentem-se fracassados quando não conseguem suprir a renda familiar. Sem o apoio apropriado da esposa, tornam-se alcoólicos, arrumam outra mulher e até se suicidam em momentos de crise financeira. Se você repreende, resmunga e se queixa, isso apenas aumenta a percepção de fracasso de seu marido.

Cuide-se para que a necessidade de segurança não acabe com o incentivo de seu marido para o trabalho. Você pode frustrar que ele tenha uma promoção. Você não quer se mudar ou sente que seu estilo de vida está ameaçado. Se você tiver essa atitude pode ver o interesse de seu marido em você, no trabalho e na própria vida começar a decrescer.

Ponha sua confiança em Deus, mais que em sua situação ou nas finanças, e você está apta a encarar dignamente as mudanças na carreira de seu marido. Deus adverte contra tentar conseguir segurança de posses. "Aquele que confia nas suas riquezas cairá, mas os justos reverdecerão como a rama" (Pv 11.28). O homem pode ter um grande sucesso financeiro se não for perturbado por uma esposa insatisfeita, mas tiver seu apoio e encorajamento.

5. *Família do cônjuge*

Outra área que pode ser transformada de bênção em maldição, quando está desequilibrada, é a do seu relacionamento com seus pais e o de seu marido com eles. O Senhor previu o problema dos sogros antes que se tornasse uma realidade. Ele disse a Adão e Eva: "Portanto, deixará o varão o seu pai e a sua mãe e apegar-se-á à sua mulher, e serão ambos uma carne" (Gn 2.24).

Uma vez que você e seu marido se tornam uma carne por meio do casamento, seu marido, não seus pais, é o centro de sua vida. É claro que você deve continuar a honrar e respeitar seus pais e os dele. Telefone ou escreva ocasionalmente para eles e partilhe um pouco das novidades da família: um bom boletim do filho, alguma coisa inteligente que um filho pequeno tenha dito ou feito, a promoção de seu marido. "Honra a teu pai e a tua mãe, que é o primeiro mandamento com promessa, para que te vá bem, e vivas muito tempo sobre a terra" (Ef 6.2,3). Você pode se beneficiar da maturidade e experiência deles quando eles a aconselham.

6. Atividades externas

A última "fala" que discutiremos é a das atividades externas: vida social, trabalho na igreja, clubes e assim por diante. Você pode dizer: "Com certeza meu marido sabe que é mais importante que minhas atividades externas". Como ele sabe disso? Ele deve julgar pelo que vê e ouve. Se você gasta a maior parte de seu tempo dirigindo o grupo missionário de mulheres da igreja ou um grupo de bandeirantes, a que conclusão ele pode chegar, além de que essas atividades são mais importantes para você do que ele?

Mesmo quando as atividades são boas em si mesmas, podem tomar tanto de seu tempo e atenção que seu marido sente que ele é menos importante para você que essas atividades. De fato, se você fala demais sobre Jesus Cristo, ou está sempre lendo sua Bíblia na frente dele, ou sempre vai a encontros evangelísticos, seu marido começa a se sentir em relação a Cristo da mesma maneira que se sentiria acerca de um homem com quem você tivesse um caso. Isso pode soar ridículo, mas talvez tudo que ele sabe é que alguém, além dele, tem prioridade em sua vida.

Um não-cristão pode não compreender as verdades espirituais. "Ora, o homem natural não compreende as coisas do Espírito de Deus, porque lhe parecem loucura; e não pode entendê-las, porque elas se discernem espiritualmente" (1 Co 2.14). Um marido cristão também pode se "desviar" das verdades espirituais por meio de uma esposa cristã com entusiasmo excessivo e que fala constantemente sobre verdades espirituais que acabou de descobrir.

Você ganha seu marido para os valores espirituais ao incorporá-los em sua vida e, por meio disso, tornando-se a esposa que ele quer que você seja. "Semelhantemente, vós, mulheres, sede sujeitas ao vosso próprio marido, para que também, se algum não obedece à palavra [de Deus], pelo procedimento de sua mulher seja ganho sem palavra, considerando a vossa vida casta [devota], em temor" (1 Pe 3.1,2; inserções da autora). Entretanto, isso não significa viver conforme alguns grupos apregoam de coisas que podem ser feitas e coisas que não podem.

Suponha que você e seu marido praticam certas atividades juntos quando, de repente, você se torna uma cristã e começa a mudar sua maneira de viver. Ele acaba passando o tempo sozinho, porque você está na igreja ou se recusa a ir a certos lugares que antes vocês desfrutavam juntos. Seu marido pode se sentir ameaçado pelas repentinas mudanças ocorridas em você, porque vê que o relacionamento de vocês está se destruindo.

Tenho certeza que você já ouviu dizer que a Palavra de Deus divide as pessoas. "Não cuideis que vim trazer a paz à terra; não vim trazer paz, mas espada; porque eu vim pôr em dissensão o homem contra seu pai, e a filha contra sua mãe, e a nora contra sua sogra. E, assim, os inimigos do homem serão os seus familiares" (Mt 10.34-36). Observe que cada relação familiar é citada aqui, *exceto o relacionamento matrimonial*. Será que essa omissão não significa algo? O fato de o relacionamento matrimonial não ser citado sugere que Deus não divide um casal. Ele não separa o que uniu em uma carne. Antes, sua Palavra aplicada de maneira adequada produz um relacionamento matrimonial precioso.

Você pode dizer: "Então por que o versículo 1 Coríntios 7.13-16 fala sobre permitir que o marido descrente a deixe se ele assim escolher?" Deus dá essas instruções, assim o cristão pode lidar em paz com qualquer problema matrimonial que surja. A divisão em casa é resultado do pecado do marido ou da esposa, não de Deus.

Usualmente, como a mulher que confia em Jesus Cristo, sua vida pode mostrar uma estabilidade e felicidade interior que ajuda a levar seu marido à Cristo. Mas nem sempre isso acontece. "Porque, donde sabes, ó mulher, se salvarás teu marido? Ou, donde sabes, ó marido, se salvarás tua mulher?" (1 Co 7.16)

Entretanto, independentemente do estado espiritual de seu marido, seu papel e sua maneira de se relacionar com ele devem ser os mesmos. Se ele for um cristão ou quando se tornar um, vocês, quando ele conduzir ou iniciar a conversa, compartilharão juntos as verdades espirituais. Falando de maneira genérica, as verdades espirituais que você aprende são para seu benefício espiritual, não para você ensinar a seu marido. Em vez de fazer isso, quando sentir um forte desejo de partilhar essas coisas com seu marido, ore por ele.

Margaret aplicou esses princípios. Quando James perguntou como ela se tornara uma esposa maravilhosa, ela gentilmente explicou: "Jesus Cristo é a fonte de minha paz interior; Ele me deu a força para ser uma esposa como eu deveria ser". Margaret, ao responder ao seu marido como o fez, não o levou a sentir que não ela mais precisava dele. Cristo a tornou capaz de desejar ser dependente de seu marido.

Quando um homem é o centro da vida de sua esposa, raramente ele procura outra mulher. É raro que o sexo seja a principal razão para a promiscuidade do homem. Em geral, ele procura uma mulher que o aceite como é, que o admire, que precise dele e na vida de quem ele ocupe o primeiro lugar.

PROGRAMA DE RECONSTRUÇÃO

Você acha que tornar seu marido o centro de sua vida é uma ordem muito grande para você executar? Espero que sim, pois dessa maneira você verá a necessidade de deixar Jesus Cristo assumir o controle e fazer isso para você. A ordem que lhe foi dada não é grande demais para Ele executar. Ele é o único que pode torná-la a verdadeira mulher que você quer ser. "[...] do Senhor vem a mulher prudente" (Pv 19.14).

Jesus Cristo pode usar o laboratório matrimonial para torná-la uma mulher devota. "Como é difícil encontrar uma boa esposa! Ela vale mais do que pedras preciosas!" (Pv 31.10 – NTLH). É significativo que pedras preciosas sejam citadas aqui. Medite sobre as pérolas. A pérola se forma debaixo da água e por meio de sofrimento. Com freqüência, Deus usa circunstâncias difíceis, mesmo problemas matrimoniais, para fazer suas pérolas.

O casamento revela a verdadeira pessoa que você é. Ele traz à tona seus hábitos padrões e a expõe como é de fato. Seu marido não a tornou o que você é; ele apenas age como um estímulo para trazer à tona o que está dentro de você. "Sobre tudo o que se deve guardar, guarda o teu coração, porque dele procedem as saídas da vida" (Pv 4.23).

É verdade, você sempre terá a antiga natureza pecaminosa (ANP) até que Cristo o leve para ficar com Ele, mas você não precisa estar sob o controle da antiga natureza pecaminosa. Se Jesus Cristo é a fonte de poder em sua vida, Ele a torna capaz de formar um novo padrão de resposta para as situações da vida. Você não precisa ser uma escrava da antiga natureza pecaminosa (ANP). Ele a torna capaz de quebrar a prisão da ANP e o padrões de comportamento e hábitos dela (veja Rm 8.1-4). Cada vez que sente a influência da ANP tentando controlar você, simplesmente vire-se para Deus e peça-lhe que a liberte da tentação de responder conforme o antigo padrão pecaminoso.

Entenda que nem a tentação nem o mau pensamento em si mesmos são pecados. O que você faz com a tentação e o mau pensamento é que determina se isso se tornou pecado ou não. "Mas cada um é tentado, quando atraído e engodado pela sua própria concupiscência [luxúria, paixão]. Depois, havendo a concupiscência concebido, dá à luz o pecado; e o pecado, sendo consumado, gera a morte" (Tg 1.14,15; inserção da autora).

O diagrama a seguir, de um toca-discos, mostra a escolha que temos disponível. Podemos tocar o toca-discos no antigo padrão de comportamentos e hábitos formado pela ANP. Ou podemos apertar o botão de rejeição no antigo toca-discos e substituí-lo pelo novo toca-discos da vida no Espírito.

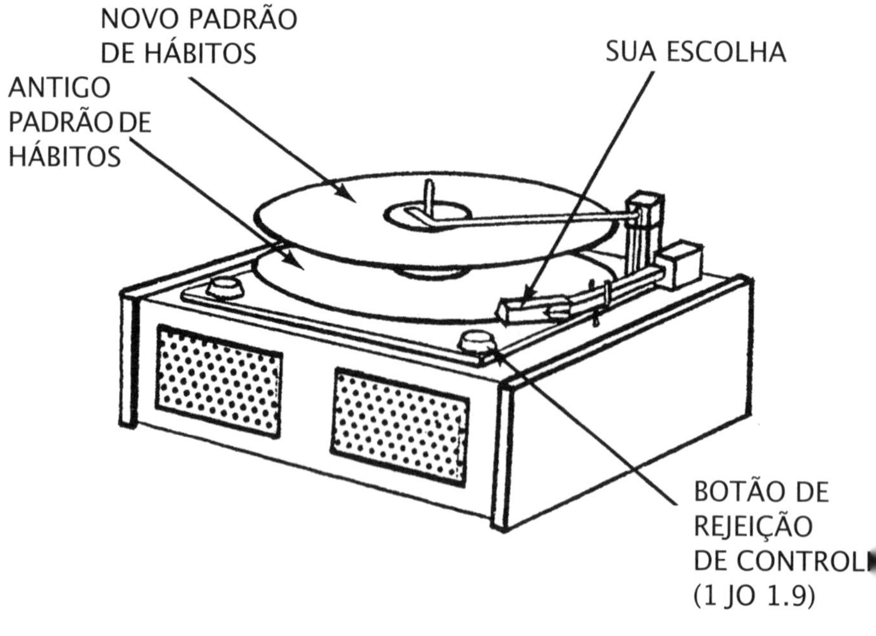

A escolha é nossa. Você descobre que quando você confia em Cristo para controlar você, todas as áreas de sua vida começam a se alinhar com os planos de Deus para você. Quando Cristo é o primeiro em sua vida espiritual interior, Ele a direciona para pôr seu marido em primeiro lugar em seus relacionamentos e atividades humanos, porque esse é o plano dEle para você como esposa.

CAPÍTULO 6

Siga o Líder

A pessoa deve assumir responsabilidades maiores, tomar decisões e fazer atividades diretas em qualquer unidade de funcionamento para prevenir desordem e caos. Qualquer negócio, ou organização, bem-sucedido reconhece essa necessidade. No entanto, as famílias habitualmente ignoram o princípio da liderança e, por essa razão, não experimentam a harmonia e a paz que Deus quer que desfrutem. Como a família é a unidade básica da sociedade, sua estabilidade determina não apenas a segurança e a felicidade de seus membros, mas também a força da nação. A estabilidade da família e da nação depende de reconhecer que o homem é cabeça da família.

A ORDEM DIVINA

Deus designou o homem para ser cabeça inconteste da família quando disse a Eva: "Com dor terás filhos; e o teu desejo será para o teu marido, e ele te dominará" (Gn 3.16). Esse mesmo princípio é reafirmado no Novo Testamento, em Efésios 5.22,23: "Vós, mulheres, sujeitai-vos a vosso marido, como ao Senhor, porque o marido é a cabeça da mulher, como também Cristo é a cabeça da igreja [Ele deu a própria vida para cuidar dela e ser seu Salvador!], sendo ele próprio o salvador do corpo" (inserção da autora). A *sociedade* não determina a posição de liderança para o homem; ele é *divinamente* apontado como "a cabeça da mulher".

Uma casa com duas cabeças ou com uma esposa como cabeça pode ser chamada de monstruosidade, porque a ordem para o papel da mulher e do homem foi distorcido, criando, por isso, uma condição anormal. Quando a casa se tornou o domínio da esposa, houve um aumento em vários aspectos da vida: delinqüência juvenil, rebelião, homossexualidade, índice de divórcios e número de mulheres frustradas; isso porque Deus determinou que a família funcionasse com eficiência sob a liderança do homem. Ignorar esse princípio da liderança do homem, ou inventar substitutos, gera problemas inenarráveis.

A ordem de Deus para a família é que o marido seja a cabeça da esposa como Cristo é a cabeça do homem. "Mas quero que saibais que Cristo é a cabeça de todo varão, e o varão, a cabeça da mulher; e Deus, a cabeça de Cristo" (1 Co 11.3). Deus, o Pai, determinou para nosso benefício essa ordem de autoridade que pode ser descrita como "a abrangente proteção de Deus" (veja a ilustração na próxima página). A ordem de Deus é a seguinte:

Deus, o Pai
Cristo
Homem
Mulher
Criança

Cristo, que é Deus e *idêntico* ao Pai, está sujeito ao Pai. O homem está sujeito à autoridade daqueles acima dele: Deus e outras autoridades instituídas, como oficiais governamentais, policiais e empregadores (apesar de todos os homens serem iguais). A esposa está sujeita a seu marido, apesar de ela ser igual a ele. Os filhos estão sujeitos à autoridade dos pais, apesar de não serem seres inferiores. Deus usa essa ordem de autoridade na raça humana para nos proteger e proporcionar o máximo de felicidade.

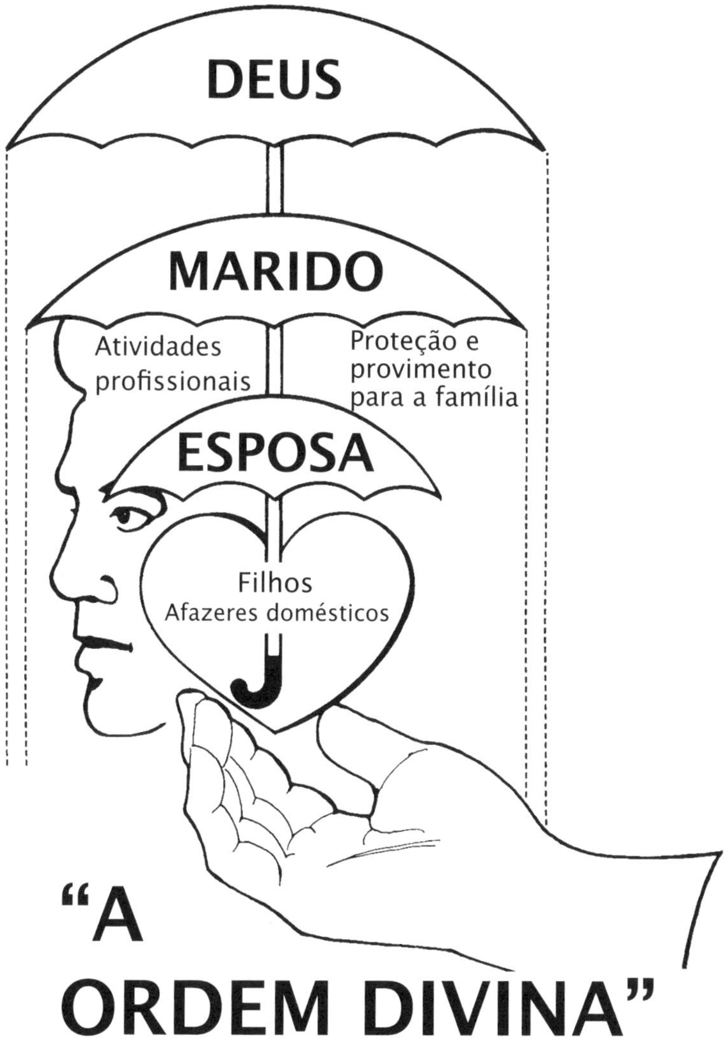

A mulher ao agir de acordo com o que Deus lhe determinou na abrangente proteção assume seu papel de apoiar e encorajar seu marido e cuidar de sua casa e filhos. Ela também tem a liberdade de participar de várias atividades que não conflitem com seu papel de esposa e mãe.

A esfera de responsabilidade do marido de acordo com a abrangente proteção de Deus inclui a liderança da família tanto quanto suas responsabilidades nos negócios e na sociedade. Por meio de sua posição, ele tem a oportunidade de desenvolver suas forças e habilidades masculinas dadas por Deus.

Quando a mulher responde à liderança de seu marido, desfruta de proteção e realização na posição que Deus lhe determinou. Ela não assume pressões e problemas que não foram determinados para seu cuidado. Deus, por meio dessa divina ordem de autoridade, é capaz de lidar com ambos, homens e mulheres, proporcionando a cada um deles total realização. Essa realização é negada quando a esposa deixa sua posição de ser responsiva e põe-se na posição de liderança, entre o marido e Deus.

É provável que a rebeldia seja sua primeira reação ao plano de Deus sobre o papel de seu marido em relação a você. Você pode ter adquirido essa atitude errada em relação à autoridade do cônjuge de sua mãe. Independentemente da razão para sua rebelião, você não quer passar essa atitude pecaminosa para seus filhos. Confesse sua rebelião como pecado e confie em Jesus Cristo para mudá-la. Antes de entender que o plano de Deus é para meu benefício, também me rebelei contra o pensamento de depender totalmente de meu marido.

Quando tiver dúvidas de como responder a seu marido, lembre-se de que o relacionamento marido-esposa é uma imagem terrena do relacionamento entre Cristo e a Igreja (crentes). Assim como a igreja depende totalmente de Jesus Cristo, você como esposa também deve depender totalmente de seu marido. Nesse clima, você é protegida e se realiza; seu marido é impelido a ser o homem que Deus o criou para ser; e seus filhos têm uma atmosfera ideal para se desenvolver e amadurecer. O plano de Deus inclui tudo — provisão total para todos. Você é totalmente rodeada por seu amor protetor, sua cobertura (ordem divina) acima e sua mão amorosa embaixo. "Ainda que [o justo] caia, não ficará prostrado, pois o Senhor o sustém com a sua mão" (Sl 37.24; inserção da autora).

OS PAPÉIS DO MARIDO E DA ESPOSA

Algumas pessoas pensam que o casamento é um acordo meio a meio, mas não é. Ele requer 100% de cada parceiro. Cada parceiro tem um papel que o requer totalmente. Cada papel equivale ao outro em importância, mas implicam em distintas respostas e responsabilidades. O fato de os papéis serem diferentes não significa que um é inferior ao outro. Cada papel é julgado em termos de sua função e não pode funcionar com eficiência sem o outro. O marido e a esposa se completam em muitas coisas da mesma maneira que a fechadura e a chave caminham juntas. Um fica incompleto sem o outro.

Nossa posição, na ordem divina de Deus, não tem nada a ver com nosso valor ou importância pessoal. O valor individual, e *não* o respectivo papel, é que está em vista em Gálatas 3.28: "Nisto [agora sem distinção] não há judeu nem grego; não há servo nem livre; não há macho nem fêmea; porque todos vós sois um em Cristo Jesus" (inserção da autora). Uma mulher tende a se diferenciar do homem nos interesses, maneira de pensar e habilidades tanto quanto é diferente no corpo. Essas distinções a tornam a complementação do marido, mas não a tornam inferior. Nem o homem nem a mulher têm motivo para se vangloriar. Nem necessidade de se lamuriar sobre ter uma posição inferior.

Os papéis do marido e da esposa podem ser comparados com os cargos do presidente e do vice-presidente de uma organização. Cada parte entende, ao aceitar a posição, que cada cargo traz em si mesmo pesadas responsabilidades. Como as diretrizes estão claramente estabelecidas, nunca há nenhuma dúvida sobre quem é o presidente. Contudo, o sucesso do presidente depende da ajuda do vice-presidente em executar as diretrizes. O presidente, quando novas decisões devem ser tomadas, pode consultar o vice-presidente em busca de conselho, mas assume a responsabilidade pela decisão final.

Uma vez que a diretriz seja decidida, eles trabalham juntos como uma equipe para executá-las. O presidente pode, se decidir, delegar uma parte de sua autoridade ao vice-presidente. Quando o presidente parte, pode confiar que o vice-presidente dará continuidade, como se ele mesmo estivesse lá. Nesse relacionamento, eles compartilham unidade, boa comunicação, paz emocional e segurança pelo fato de o vice-presidente não estar lutando para ter o controle da organização!

Deus determinou que os papéis do homem e da mulher sejam distintos. Afinal de contas, Ele os fez macho e fêmea (Gn 1.27), não unissex. Essa diferença não é apenas física, mas também emocional e de temperamento. As características masculinas incluem a habilidade para ter uma imagem global da situação a fim de que ele possa ser firme e decidido quando resolve problemas. As características femininas incluem a habilidade para ver os detalhes da situação a fim de que possa contribuir com valiosas percepções fundamentadas na natureza compassiva e sensível. Por exemplo, quando você prepara uma recepção de negócios, pode se prender a detalhes da preparação da festa ou a como evitar que a Sra. X ofenda a Sra. Y. Seu marido pode pensar em como a recepção contribuirá para o sucesso de seus negócios do ano seguinte. Ao usar suas respectivas características naturais, vocês são capazes de trabalhar juntos como uma equipe.

Se você não vê que Deus determinou que você e seu marido se completem um ao outro, você pode forçar seu marido a agir na vida e responder à vida como você faz. Você teria sucesso, se ele se desviasse para o papel feminino de ser correspondente, abandonando suas responsabilidades masculinas. Contudo, se você vê que, pela natureza, os papéis de vocês são diferentes, pode desenvolver suas características femininas e tornar-se verdadeiramente uma mulher feminina.

MEU CONSELHO OU OPINIÃO CONTA?

Os conselhos e percepções da mulher são recursos valiosos para o homem. Entretanto, há algumas coisas a serem consideradas para seu conselho ser efetivo.

O homem considera seu conselho mais favoravelmente se ele o pede, o que é provável que faça se você for uma esposa amorosa e submissa. Quando ele pedir sua opinião, responda de maneira objetiva, atendo-se à questão e aos fatos envolvidos. Lembre-se, os homens tendem a usar a fala para expressar idéias e comunicar informações factuais, enquanto as mulheres têm a tendência de usar a fala para expressar sentimentos ou desabafar suas emoções. Quando você der sua opinião tente não expressar suas emoções, mas compartilhar brevemente, com base nos fatos, seus pensamentos em relação à situação.

Preciso esperar até ser solicitada para expressar minha opinião? Apenas se você sabe que seu marido não quer conselho espontâneo. O julgamento, a sabedoria e a opinião de uma esposa amorosa são um grande recurso para o homem. Recusar essas percepções ao seu marido é uma grande injustiça. Ser submissa não significa não dizer nada; significa pôr a si mesma totalmente à disposição da pessoa que está acima de você.

Um homem, muitas vezes, precisa de percepções ou informações a fim de tomar uma decisão sábia ou para formular um ponto de vista correto. Por exemplo, usualmente você está mais envolvida com as atividades de seus filhos e amigos que seu marido. Você pode precisar contribuir com informações para ajudá-lo a tomar decisões e estabelecer diretrizes em relação aos filhos e às atividades deles. Você também pode contribuir com percepções fundamentadas na Palavra de Deus que o ajudem a evitar, ou a corrigir, um ponto de vista errôneo e destrutivo. "O coração do seu marido está nela confiado [...]. [Ela] abre a boca com sabedoria" (Sl 31.11,26; inserção da autora).

A Bíblia dá o exemplo de uma mulher que ajuda seu marido a corrigir seu ponto de vista. Manoá e sua esposa não tinham filhos. O anjo do Senhor apareceu à esposa de Manoá e lhe disse que ela teria um filho. Esse filho, Sansão, começaria a livrar Israel dos filisteus.

Depois da esposa de Manoá lhe contar sobre a visita do anjo, ele orou para que Deus enviasse o anjo de novo a fim de lhes dar mais instruções sobre o cuidado com a criança. Quando o anjo do Senhor veio, Manoá não o reconheceu até que ele ascendesse ao céu. "E disse Manoá à sua [sensível] mulher: Certamente morreremos, porquanto temos visto Deus. Porém sua mulher lhe disse: Se o Senhor nos quisera matar, não aceitaria da nossa mão o holocausto e a oferta de manjares, nem nos mostraria tudo isto, nem nos deixaria ouvir tais coisas neste tempo" (Jz 13.22,23).

A esposa pode ser uma grande ajuda para seu marido ao compartilhar suas percepções de maneira apropriada. É verdade, ela deve aconselhá-lo da maneira feminina, conforme descrita em Provérbios 31.26: "Abre a boca com sabedoria, e a lei da beneficência está na sua língua".

Pergunte-se: "Como minhas palavras e ações afetam meu marido? O que digo ou faço em uma certa situação põe em risco sua posição como meu líder?" Se você pensar nessas questões antes de falar ou agir, pode estar mais apta a obedecer à "lei da beneficência", e não corre o risco de minar o papel dele de líder.

Nunca tente forçar seu ponto de vista sobre seu marido. Apenas diga: "Eu sinto dessa maneira", ou: "Acredito nisso e nisso". Deixe-o livre para usar ou não seu conselho da maneira que ele achar melhor. Seu trabalho é realçar o papel dele de líder; assim, não dê seu conselho na base do conselho de homem para homem ou com atitude de autoridade, superioridade ou de maneira maternal. Expresse seus pensamentos amorosamente, deixando a decisão final para seu marido e assegurando-lhe seu apoio.

Se você sentir que ele está tomando uma decisão errada, apresente seu caso para uma corte mais alta (em oração, fale com Cristo sobre a situação e confie nEle para o resultado final). Dar seu conselho dessa maneira feminina a livra da onerosa responsabilidade da decisão final, bem como apóia e encoraja seu marido.

CAPÍTULO 7

Proteção para seu Benefício

O marido, sob a abrangente proteção de Deus, é o agente terreno de Deus por meio de quem Ele protege a mulher física, psicológica e espiritualmente. Sua provisão é completa.

De que maneira você precisa de proteção física? Você precisa ser protegida de tarefas difíceis tanto quanto de ataques físicos. Encaremos isso! Você não é tão forte quanto um homem.

> Igualmente vós, maridos, coabitai com ela [sua esposa] com entendimento [da relação matrimonial], dando honra à mulher, como vaso [fisicamente] mais fraco; como sendo vós os seus co-herdeiros da graça da vida; para que não sejam impedidas as vossas orações (1 Pe 3.7; inserções da autora).

Seu marido deve protegê-la dessas tarefas difíceis como mover móveis, fazer cercas, consertar automóveis, fazer trabalhos de marcenaria. Hoje, você também precisa de proteção contra ataques físicos ou sexuais exatamente como suas ancestrais precisavam nos agrestes da fronteira. Quando você tenta desenvolver a habilidade de proteger a si mesma, você põe em risco sua feminilidade.

Às vezes, seu marido também deve proteger sua saúde reduzindo suas muitas atividades. Se seu marido reclama de sua agenda atarefada, ele pode estar preocupado com você. Ele expressa seu amor ao dizer que sua saúde é importante para ele. Agradeça-o por sua preocupação e deixe que o conselho dele seja um lembrete de que você está fazendo mais do que Deus planejou para você.

Seu marido também a protege fisicamente ao providenciar comida, roupa e casa para você. Essa é uma obrigação sagrada que Deus entregou a ele. "Mas, se alguém não tem cuidado dos seus e principalmente dos da sua família, negou a fé e é pior do que o infiel" (1 Tm 5.8). Esse aviso não é dado à mulher, mas ao homem.

O trabalho do homem é uma bênção. Proporciona a ele a oportunidade de desenvolver as habilidades dadas por Deus quando enfrenta lutas, fardos e dificuldades por sua família. Seja cuidadosa em não negar ao seu marido o respeito, a honra e a profunda satisfação de realizar o papel que Deus designou a ele: "Procureis viver quietos, e tratar dos vossos próprios negócios, e trabalhar com vossas próprias mãos, como já vo-lo temos mandado; para que andeis honestamente para com os que estão de fora e não necessiteis [auto-sustentável] de coisa alguma" (1 Ts 4.11,12; inserção da autora).

Uma vez que Deus determinou ao homem a responsabilidade de prover para sua família, Ele censura o homem que fracassa nisso, chamando-o "pior do que o infiel [que realiza sua obrigação nesse assunto]" (1 Tm 5.8; inserção da autora).

Assim como o trabalho de seu marido é providenciar o dinheiro, sua responsabilidade é apoiar os planos financeiros dele. Você deve querer fazer qualquer esforço necessário para esticar o dinheiro, conforme descrito em Provérbios 31.13,14: "Busca lã e linho e trabalha de boa vontade com as suas mãos. É como o navio mercante: de longe traz o seu pão". Você aprende a esticar o dinheiro ao descobrir pechinchas, cozinhar pratos econômicos, aprender a costurar e ao desenvolver muitas outras idéias que Deus lhe deu.

Quando você limita seu estilo de vida ao salário de seu marido, Deus dirige as finanças de sua família. Ele provê para você de uma maneira que não deixa seu marido se sentir inferior. Deus pode fazer com que um vizinho lhe dê a verdadeira peça de mobília que você precisa ou com que uma tia lhe envie um vestido especial pelo qual você orava. O uso de cartão de crédito, com muita freqüência, faz com que você limite a ação de Deus e ponha sua família sob desnecessária pressão financeira.

Você deve ser cuidadosa para nunca diminuir a capacidade de produção de seu marido. Comentários como: "*Nós* podemos dispor disso", ou: "Eu tenho que restringir a fim de economizar para chegar ao fim do mês", desencorajam seu marido. Tente não comentar sobre as maneiras que você teve de economizar para ajudar, mesmo que fique contente com as economias. Sua atitude de poupar o dinheiro é boa e lhe dá um sentimento de satisfação, mas contar para seu marido sobre isso apenas o faz lembrar de que é necessário economizar em virtude de sua renda limitada. Você ajuda seu marido no papel de provedor financeiro por meio de sua silenciosa economia, apoio notório e gratidão pela provisão que ele dá a você e sua família.

Muitas mulheres dizem: "Meu marido sugeriu que devo trabalhar fora de casa. Tenho prática em uma área determinada e posso usar o dinheiro extra". O trabalho do seu marido é suprir os compromissos financeiros de sua família. Contudo, pergunte-se por que ele sugeriu que você trabalhasse fora. É por que você lhe deu a impressão de que não está satisfeita com a provisão dele? Se sim, tome providências para corrigir essa impressão.

É claro que pode surgir uma emergência. Seu marido pode ficar doente ou perder o emprego. Você pode ser forçada a procurar emprego para ajudar financeiramente. A mulher que trabalha é descrita em Provérbios 31.24: "Faz panos de linho fino, e vende-os, e dá cintas aos mercadores [ou faixas que deixam a pessoa livre para fazer o serviço]" (inserção da autora). Sua ajuda financeira pode ser dada sem ofender seu marido, desde que você não dê a impressão de que é mártir ou heroína libertadora.

Analise, por exemplo, as questões abaixo para verificar se sua atividade interfere em seu papel como esposa e mãe:

1. Sua atividade entra em conflito com o horário de seu marido ou compete com suas obrigações como esposa ou mãe?
2. Seu marido sente que sua atividade é mais importante para você do que ele?
3. Sua atividade a torna independente financeiramente de seu marido?

Os perigos para você não acabam no aspecto físico. Você também precisa de proteção psicológica. Suas emoções são uma parte maravilhosa de sua feminilidade quando se expressam em resposta amorosa, apreciação, calor ou amabilidade. Porém, quando você assume responsabilidades que pertencem a seu marido, com freqüência encontra situações que a sujeitam às pressões emocionais inadequadas. Assim, sua resposta emocional é de raiva, frustração e dano. Você pode lidar mal com as situações porque está tão frustrada que pode acabar se comportando como uma mulher briguenta. Muitas vezes, esse é o caso quando você tem de lidar com um vendedor desagradável, credores agressivos, vizinhos irritados ou mesmo com seu filho adolescente e sem consideração. Seu marido deve ser um agente de proteção entre você e essas pressões.

A próxima vez que seu vizinho reclamar que a praga de sua grama está invadindo o gramado dele, apenas diga: "Falarei com meu marido sobre isso". Isso é problema dele, não seu. Isso não é confortante?

Quando você desempenha seu papel, sempre pode esperar que seu marido a proteja dos conflitos emocionais com os filhos. Ele manda que eles a respeitem, porque ele mesmo está aprendendo a respeitar e a apreciar suas verdadeiras qualidades femininas. Você se torna a mulher descrita em Provérbios 31.25: "A força e a glória são as suas vestes, e ri-se do dia futuro".

Se você lida com as finanças familiares e assina os cheques, pare e se pergunte: "Por que estou fazendo isso?" Seu marido tem o direito de delegar tarefas, e pode ser que ele tenha requisitado sua ajuda. Se ele lhe deu o trabalho de pagar as contas, mantenha-o atualizado em relação às finanças da família — assim, ele pode saber como planejar e gastar. Mas se você lida com as finanças a fim de controlar as "notas de dinheiro na carteira", você quer liderar. Você está usurpando o papel de seu marido e não terá a abrangência da proteção de Deus.

Você pode confiar que Deus guia espiritualmente você e sua família sem que você precise desafiar seu marido. Quando você deixa a abrangência da proteção de Deus e se torna o líder espiritual em sua casa, às custas da liderança de seu marido, todos sofrem. Rebeca, por exemplo, conspirou com seu filho favorito, Jacó, para enganar Isaque, seu velho e cego marido (Gn 27). Em virtude do que ela fez — lograr o marido — Jacó recebeu a bênção do pai que era destinada a seu irmão Esaú, mas muito sofrimento resultou disso. O ódio assassino de Esaú baniu Jacó de sua casa por vinte e um anos, que foram cheios de labuta, e Rebeca morreu sem ver de novo seu filho. Parece lógico concluir que a atitude de Rebeca também ergueu um obstáculo entre ela e Isaque. Deus disse a Rebeca que Jacó seria o mestre (Gn 25.23). Que infortúnio que ela não tenha deixado Deus agir da maneira dEle.

Sua atitude em relação a seu marido revela sua condição espiritual. Você se rebela contra a liderança de Cristo na mesma medida em que se rebela contra a liderança de seu marido. Sue tinha problemas para aceitar esse princípio, até que um dia Cristo deixou isso muito óbvio. Ela estava trabalhando em seu jardim quando Bill pediu-lhe para esvaziar a lata de lixo. Ela pensou com rebeldia: *Por que devo parar o que estou fazendo para fazer isso? Farei mais tarde, mas não agora.*

Um ou dois dias depois, o Espírito Santo incitou Sue a partilhar com sua vizinha como ela poderia vir a conhecer a Cristo pessoalmente. A resposta imediata de Sue foi: "Senhor, farei isso mais tarde, mas não agora". Sim, a resposta dela para Cristo foi idêntica à que dera a seu marido — aquele que Deus pôs como autoridade sobre ela.

Deus planejou pôr seu marido entre você e o mundo para protegê-la das pressões físicas, emocionais e espirituais que são prejudiciais a você. Quando você permite esse privilégio para seu marido, começa a sentir o verdadeiro prazer de ser uma mulher feminina.

COMO AJUDAR SEU MARIDO A SE TORNAR O LÍDER

Inicialmente, você pode dizer: "Com certeza, estou convencida de que meu marido poderia ser a cabeça de nossa casa, mas ele simplesmente não é um líder". Lembre-se, Deus não mandaria o homem ser o líder ("Porque o marido é a cabeça da mulher, como também Cristo é a cabeça da igreja" [Ef 5.23]) sem lhe dar a habilidade para isso. Com a ajuda de Deus e a sua, seu marido pode ser o líder que Deus planejou para que ele fosse.

Se você assumiu, com boa vontade ou não, o papel de liderança em sua casa, você começa a atenuar isso ao transferir *gradualmente* para seu marido as responsabilidades que ele aceita com mais facilidade. Quando você começa a dizer aos filhos: "Deus pediu ao papai. Ele é cabeça da nossa casa", eles podem ficar tão chocados quanto o pai, mas é uma boa maneira de começar.

Quando sua demonstração de confiança na liderança dele o convence de que essa liderança é algo permanente, não um "estímulo" temporário seu, começa a responder de maneira positiva a isso. É muito provável que ele goste dessa experiência estimulante para o ego, a saber, de assumir o comando e ter você e os filhos seguindo seus conselhos ou decisões. Aos poucos, ele adquire confiança em si mesmo e passa a apreciar seu novo papel.

É claro, você pode ter algumas reservas em relação à liderança de seu marido. Você pode perguntar: "O que acontece quando ele toma a decisão errada?" Bem, apenas lembre-se de que ao confiar em seu marido, você, na verdade, está confiando em Jesus Cristo. Ele prometeu guiá-la por meio de seu marido. Ele sempre pode usar os erros de seu marido para ensinar a ele — e a você também — valiosas lições, se você permanecer sob a "abrangência da proteção de Deus". Lembre-se, Romanos 8.28 diz: "E sabemos que todas as coisas contribuem juntamente para o bem daqueles que amam a Deus, daqueles que são chamados por seu decreto".

Suponha que seu marido tenha de tomar uma importante decisão de negócios e pede seu conselho. Você o adverte contra o risco, mas ele desconsidera sua recomendação e vai em frente. Como você previu, essa decisão é um erro. Agora você tem a escolha de arruinar uma oportunidade de aprender a lição de Deus ao dizer: "Eu o avisei", ou de manter uma atitude amável e compreensiva. Se você tiver a atitude apropriada nessa situação, vocês dois podem se beneficiar do erro dele. Você pode aprender, por exemplo, que tem posto sua confiança no dinheiro, em vez de se voltar para a segurança de Cristo.

Quando você mantém uma atitude amável e confia em Deus, Ele lida diretamente com seu marido, em vez de ter de trabalhar contra a interferência de uma esposa resmungona.

A promessa em Romanos 8.28 se aplica tanto a você quanto a seu marido. Quando você comete erros (e os cometerá), ore para que Deus os resolva a fim de glorificá-lo. Tenho um broche em minha penteadeira que é um conforto para mim. Ele tem essas letras gravadas "PFSPDANASOEM" (por favor, seja paciente, Deus ainda não acabou sua obra em mim). Apenas Deus pode pegar nossos erros e transformá-los em bênçãos à medida que nos torna como Jesus.

Relaxe! Você pode desfrutar a liberdade de saber que, com o direito de tomar decisões finais, seu marido carrega a responsabilidade pelas conseqüências de suas decisões. Resista à tentação de interferir com sua liderança porque você acha que as decisões ou ações dele são muito impetuosas, severas ou erradas. Não discuta seu ponto de vista para tentar manipulá-lo. Responda à liderança dele de maneira relaxada e você verá que, usualmente, seu marido quer agradá-la.

Peggy e Ken, todo ano em que trocam de carro, discutem sobre se comprarão o carro pequeno que Ken gostaria de ter ou a perua, preferida por Peggy. É comum a persistência de Peggy vencer. Depois de aprender os princípios de como dar conselho, ela simplesmente partilhou com Ken seu desejo de ter a perua e deixou a decisão final com ele. Ela tinha certeza de que ele voltaria para casa com um carro pequeno porque, afinal de contas, ela não discutira com ele nem o manipulara. Assim, ela decidiu confiar em Deus independentemente do resultado, e Ken comprou a perua.

Não quero dizer que sua vontade sempre será feita. Marjorie queria muito ir a uma festa na escola, mas Joe decidiu que ficariam em casa para assistir a um jogo de futebol na TV. Marjorie descobriu uma alegria maior em submeter seu desapontamento a Cristo e assistir ao jogo de futebol com Joe do que se tivesse ido à festa. Antes de aprender a aceitar as decisões de seu marido, Marjorie teria ficado amuada, e a noite dos dois certamente seria um total desastre.

Você encoraja seu marido a assumir a liderança ao ser uma boa seguidora e dizer-lhe o quanto aprecia seu comando. Quando você demonstra confiança na habilidade dele, ele tem mais vontade de continuar a ser cabeça da casa. É interessante, enquanto você segue, seu marido guia; mas se você se torna agressiva, ele recua. Você reclama, e ele se rebela. Se você quiser agradá-lo, ele quer agradá-la.

Seja eficiente em cumprir suas responsabilidades com seu marido, filhos e casa. Assim, seu papel fica mais claramente definido, e seu marido quer ter a mesma eficiência no papel dele. Uma senhora comentou: "Quando me tornei uma esposa melhor, meu marido quis se tornar um marido melhor. Ele nunca pode ser sobrepujado".

Seu marido pode ser cabeça da casa mesmo quando está ausente, se você fielmente segue os desejos dele para você e sua família. Por exemplo, você pode não concordar com ele quanto ao horário de chegada dos filhos adolescentes em casa nas noites de fim de semana. Contudo, mesmo quando seu marido está fora, em uma viagem de negócios, você se assegura de que seus filhos cheguem em casa no horário habitual. Você pode lhes dizer: "O papai quer que vocês estejam na cama às 22h30; portanto, tenham certeza de estar em casa às 22 horas". Mesmo se seu marido ficar fora por um extenso período de tempo, você e seus filhos podem viver sob a proteção da liderança dele. A provisão de Deus é maravilhosa.

Peça a Deus para lhe mostrar qualquer área em que você tenha assumido o papel de líder que compete a seu marido. Depois, vá até ele e diga-lhe que errou em assumir o papel que foi dado a ele por Deus. Seja específica: cite as áreas que você assumiu — a disciplina dos filhos, a recusa em mudar-se quando ofereceram uma promoção a ele ou não seguir o orçamento.

Diga-lhe que você sabe que Deus o preparou para ser capaz de cumprir esse papel, já que foi dado pelo Senhor. Assegure-se de lhe pedir perdão por duvidar de suas habilidades ao interferir. Peça-lhe para perdoá-la por suas falhas. Diga-lhe que você está animada e confortada ao saber que Deus a guia por intermédio dele.

CAPÍTULO 8

Deus É o Melhor para Você

Você quer o melhor de Deus? Essa é uma importante questão para você decidir. Se recebe o melhor dEle, você tem *paz* na mente e no coração: "Muita paz têm os que amam a tua lei, e para eles não há tropeço" (Sl 119.165). Também a alegria de Deus será sua se você escolher o melhor dEle: "O Senhor agrada-se dos que o temem e dos que esperam na sua misericórdia" (Sl 147.11).

Sara escolheu o melhor de Deus ao responder a seu marido como a autoridade para ela: "Como Sara obedecia a Abraão, chamando-lhe senhor, da qual vós sois filhas, fazendo o bem e não temendo nenhum espanto" (1 Pe 3.6).

O melhor de Deus é revelado por meio de sua Palavra: "Tu és o meu refúgio e o meu escudo; espero na tua palavra" (Sl 119.114). Quando a Palavra revelar Jesus Cristo e seu desejo para você, isso será como um sinal luminoso para clarear o caminho a sua frente: "Lâmpada para os meus pés é tua palavra e luz, para o meu caminho" (Sl 119.105).

A Palavra dEle está estabelecida para sempre, e o desejo dEle sempre honra e cumpre esses princípios: "Para sempre, ó Senhor, a tua palavra permanece no céu" (Sl 119.89). "Inclinarme-ei para o teu santo templo e louvarei o teu nome, pela tua benignidade e pela sua verdade; pois engrandeceste a tua palavra acima de todo o teu nome" (Sl 138.2). A autoridade final em sua vida deve ser a Palavra de Deus. A proteção dEle para sua vida é fundamentada em você fazer a vontade dEle, não a sua. "Entretanto, a cabeça de Efraim será Samaria, e a cabeça de Samaria, o filho de Remalias; se o não crerdes, certamente, não ficareis firmes" (Is 7.9).

A AUTORIDADE DE DEUS PARA AS ESPOSAS

Deus, em sua graça e bondade, deixou claro em sua Palavra que Ele quer que você obedeça a seu marido. "Vós, mulheres, sujeitai-vos a vosso marido, como ao Senhor" (Ef 5.22). Muitos outros versículos dizem a mesma coisa. Você pode gostar de lê-los em sua Bíblia: 1 Pedro 3.1,5,6; Gênesis 3.16; 1 Coríntios 11.3,8,9; 1 Timóteo 2.11,12; Tito 2.2-4.

A expressão "sujeitai-vos", em Efésios 5.22, sugere ou implica uma ação contínua. A submissão é para ser uma maneira de viver. A esposa nunca deixa de se submeter. A submissão também é usada no sentido militar — uma posição para a qual a esposa foi designada.

Apesar de Deus ter determinado essa posição para você, ainda deve ser realizada voluntariamente. Ele não a força a assumi-la como também não a força a assumir seu Filho como seu Salvador. A frase "como ao Senhor" evita que esse ato de submissão seja escravidão, e o torna um ato voluntário de amor. Você deseja se submeter ao seu marido porque ama ao Senhor e quer obedecer e agradar a Ele, não porque tem medo dEle.

Quando você se submete desejosa e amorosamente ao seu marido, seu espírito de gentileza e amor o inspira a tratá-la de modo gentil, a protegê-la e a cuidar de você. Observe, contudo, que nenhum desses versículos enumerados diz: "Seja submissa se seu marido estiver certo, se ele for um cristão, ou se você puder entender o resultado das ações dele". Não, Deus não faz exceções para sua obediência a seu marido.

Você já ouviu falar de alguma mulher que tenha problema em concordar com a ordem: "Você não deve roubar?" (veja Êx 20.15) Talvez algumas tenham, mas eu mesma nunca ouvi nenhuma dizer: "Está certo você roubar *se* estiver com raiva, *se* ninguém a vê ou *se* você deseja ardentemente um objeto". Sem dúvida, Deus não quer que roubemos. Aceitamos isso porque Ele deixou claro. Porém, com freqüência, mulheres que nunca pensariam em roubar rejeitam o mandamento de Deus para se submeterem ao marido. Se você é uma dessas mulheres e deseja dar sua total obediência a Deus, não permita que o Senhor seja desacreditado pelo estrago causado por sua desobediência. Admita que você vive de acordo com o seu plano, não com o dEle.

Muitas mulheres com quem converso, na verdade, a maioria delas, querem ser mulheres de Deus e estar na vontade dEle. Contudo, você apenas pode estar no centro da vontade dEle se obedecer àquele a quem Deus deu autoridade sobre você — seu marido. Você mostra sua obediência a Deus ao ser submissa a seu marido. Recusar-se a reconhecer a autoridade de seu marido torna sua vida incompleta e insatisfatória — resultado direto de quebrar o mandamento de Deus em relação a essa questão. Lembre-se, você não se degrada ou se põe em posição inferior quando reconhece e respeita a autoridade dele. Em vez disso, você ganha dignidade, realização, feminilidade e liberdade para ser a mulher que Deus quer que você seja. O plano de Deus é delineado para o seu benefício.

A completa obediência a Jesus Cristo por intermédio de seu marido a assusta? "Justo é o Senhor em todos os seus caminhos e santo em todas as suas obras" (Sl 145.17). O amor de Jesus Cristo por você é tão grande e completo que é difícil de entendê-lo. "Mas Deus prova o seu amor para conosco em que Cristo morreu por nós, sendo nós ainda pecadores" (Rm 5.8). Jesus, depois de morrer por você, não faria uma trapaça ao colocá-la em uma posição que pudesse deixá-la desgraçada.

Não ponha o amor dEle no mesmo patamar do amor do homem ou abaixo dele (o que você faz quando acha que Ele compensaria obediência com punição). "E qual dentre vós é o homem que, pedindo-lhe pão o seu filho, lhe dará uma pedra? E, pedindo-lhe peixe, lhe dará uma serpente? Se, vós, pois, sendo maus, sabeis dar boas coisas aos vossos filhos, quanto mais vosso Pai, que está nos céus [perfeito como Ele é], dará bens aos que lhe pedirem?" (Mt 7.9-11; inserção da autora)

Para usar um exemplo comum, suponha que quando retorno de viagem, meus filhos me recebem com estas palavras: "Mãe, sentimos sua falta e decidimos que, a partir de agora, faremos tudo o que você pedir".

Eu poderia responder: "Que bom. Vou dificultar a vida de vocês. A partir de agora, comerão couve-de-bruxelas três vezes ao dia e nunca mais farão nada que gostam de fazer. Vocês se arrependerão por terem tomado essa decisão".

É claro que eu não diria isso. Logo que terminasse de abraçar meus filhos, provavelmente, sairia para lhes comprar algo que quisessem. Se nós, em nosso incompleto amor humano, respondemos dessa maneira, com certeza não devemos esperar menos de Deus. O amor dEle é perfeito. Ele alcança as pessoas, pois quer ministrar para nós em nossas mais profundas necessidades. Se podemos confiar uns nos outros, com certeza podemos confiar no amor e na salvação de Deus. "Na caridade, não há temor; antes, a perfeita caridade lança fora o temor; porque o temor tem consigo a pena, e o que teme não é perfeito em caridade. Nós o amamos porque ele nos amou primeiro" (1 Jo 4.18,19).

É confortante ao saber que a vontade de Deus para você é a obediência ao seu marido.

A PROTEÇÃO DA ESPOSA

Uma vez que Deus afirmou, em Efésios 5.24, que "assim como a igreja está sujeita a Cristo, assim também as mulheres sejam em tudo sujeitas a seu marido", não pense que você é uma exceção. Você pode, prontamente, dizer: "Você não conhece meu marido! Ele é incrédulo e inconseqüente. Isso pode funcionar para alguns casais, mas não para nós".

Deus trata desse problema específico nas Escrituras: "Semelhantemente, vós, mulheres, sede sujeitas ao vosso próprio marido, para que também, se algum não obedece à palavra, pelo procedimento de sua mulher seja ganho sem palavra, considerando a vossa vida casta, em temor" (1 Pe 3.1,2). Obviamente, o Senhor aqui fala de mulheres cujos maridos são incrédulos.

A submissão ao seu marido é parte do plano de Deus para ordenar nosso mundo (veja 1 Pe 2.13-18). Em 1 Pedro 3.1, a palavra "semelhantemente" se refere aos versículos 13, 14 e 18 do capítulo anterior. "Sujeitai-vos, pois, a toda ordenação humana por amor do Senhor; quer ao rei, como superior; quer aos governadores, como por ele enviados para castigo dos malfeitores e para louvor dos que fazem o bem" (vv. 13,14), e "vós, servos, sujeitai-vos com todo o temor ao senhor, não somente ao bom e humano, mas também ao mau" (v. 18).

Deus diz que o plano dEle para você é sua submissão àquele que tem autoridade sobre você — jubilosa submissão diária ao seu marido, como também submissão aos governantes ou a um empregador. Assim, se você permite que o Senhor a purifique, a complete e a controle, e se assume uma posição de sincera submissão ao seu marido porque Deus disse que isso deve ser feito, você também deve esperar que Deus cumpra sua Palavra de cuidar de você e ajudá-la a cumprir os mandamentos dEle.

Você se lembra de 1 Coríntios 10.13? "Não veio sobre vós tentação, senão humana; mas fiel é Deus, que vos não deixará tentar acima do que podeis; antes, com a tentação dará também o escape, para que a possais suportar". Agora, você não sabe *como* Deus cumpre sua Palavra. Você apenas confia que Ele a *cumprirá*. Se seu marido pedir que você faça alguma coisa insensata, Deus pode mudar a mente dele. Como citei anteriormente: "Como ribeiros de águas, assim é o coração do rei na mão do Senhor; a tudo quanto quer o inclina" (Pv 21.1).

Talvez os exemplos da vida a ajudem a entender a graciosa maneira de Deus trabalhar as coisas para você quando obedece a Ele e honra seu marido.

Barbara tornou-se cristã, mas seu marido, Don, não. Ela começou a comparecer fielmente à igreja e até a levar seus filhos. Don, a princípio, pareceu ficar desnorteado com a nova fé da esposa e seu interesse na igreja. Depois, ele ficou enciumado e ferido porque ela passava os domingos longe dele. Ele não se sentia mais como alguém que participasse da vida dela.

Passaram-se algumas semanas, até que Barbara ouviu esses princípios sobre a submissão da esposa ao marido, quer ele seja cristão quer não. Ela queria agradar ao Senhor, e assim decidiu se concentrar em honrar seu marido. Chegou a manhã do domingo de Páscoa, e ela e os filhos já estavam prontos para ir para a igreja quando Don se levantou.

Imediatamente, Barbara sentiu que Don não estava feliz. Ela perguntou: "Querido, você gostaria que eu ficasse em casa com você hoje? Você sabe que quero vê-lo feliz. Se você preferir que eu e as crianças fiquemos em casa com você, nós ficaremos aqui". Ele não respondeu, mas ela podia sentir que ele queria que ela ficasse em casa.

Ela e os filhos puseram roupas mais informais, e ela planejou alguns jogos relaxantes para as crianças. Conforme a manhã passava, o humor de seu marido ficava melhor e melhor. Mais tarde, durante o dia, Don chamou os filhos. Ele pegou a Bíblia e disse: "Crianças, quero que leiamos algo da Bíblia juntos". Ele leu Provérbios e conversou com eles sobre o que Deus dizia.

Naturalmente, o coração de Barbara se aqueceu. Ela deu a seu marido seu legítimo lugar, e ele não tinha mais ciúmes de seu relacionamento com a igreja e Jesus Cristo. Aqui estava ele assumindo a liderança espiritual da família, e ele não era cristão! Na verdade, o dia, porque a família estava unida, lendo e discutindo a Palavra de Deus em conjunto, acabou sendo muito melhor que o culto de Páscoa. Agora, um ano mais tarde, Don também é cristão. Verdade, havia ocasiões em que Barbara tinha de ficar em casa em vez de ir à igreja, apenas para dar a seu marido o lugar dele em sua vida. Mas ele não teria recebido a Cristo se ela não o considerasse.

Allison teve uma experiência muito parecida com a de Barbara. Só que Allison achou que o ir à igreja era precisamente a coisa certa a fazer. Quando as portas da igreja estão abertas, você entra. Ela era quase farisaica sobre comparecer à igreja. Mas Allison se casou com um homem que não amava Cristo e não gostava de freqüentar a igreja.

A professora de Allison na Rscola Dominical começou a ensinar esses princípios sobre o papel de submissão da esposa. Um domingo, ela chamou Allison em particular e lhe disse: "Seu marido simplesmente não entende o que está acontecendo em sua vida. Ele está com ciúmes. Ele ainda não consegue entender verdades espirituais, e se ele quer que você fique em casa com ele, você deve fazer isso até que ele esteja seguro de seu legítimo lugar em seu coração".

Allison ficou chocada. Ela nunca escutara nada desse tipo antes. Mas quando viu que os princípios de submissão vinham diretamente da Palavra de Deus, concordou em tentar usá-los.

Allison, no domingo seguinte, aprontou-se e arrumou os filhos para irem à igreja como era habitual. Seu marido, Andy, vendedor que viaja muito a trabalho, normalmente dorme até tarde. Mas ele acordou e, vendo que ela e os filhos estavam prontos para irem à igreja, começou a se enfurecer, e praguejar, e a lhe dizer que não via qualquer diferença entre a vida das pessoas que vivem na igreja ou nem via qualquer bom motivo para ela ir aos cultos. Allison, muito quieta, pôs uma roupa mais informal.

Andy, surpreso, perguntou: "O que você está fazendo?"

Ela disse: "Bem, é óbvio que você não quer que eu vá à igreja. E eu o amo. E quero que você fique feliz. Afinal de contas, não tenho passado muito tempo com você desde que começou a viajar. Assim, a atitude correta para mim é ficar em casa com você. Gostaria de saber como foi sua semana".

Andy levantou-se da cama, pôs seus braços à volta dela com lágrimas nos olhos.

Allison disse que naquela manhã, pela primeira vez, viu algo nele que nunca vira antes — apenas porque ela se pusera na posição que Deus queria. Deus era capaz de expor qualidades de Andy que ela nem mesmo sabia que existiam. Eles tiveram um alegre dia juntos.

Conforme as semanas passavam, Andy começou a comparecer à igreja com ela e os filhos. Da última vez que escutei notícias dela, o marido ainda não havia recebido a Cristo como seu Salvador, mas ele ainda estava indo à igreja com sua família e os encorajava a fazer isso — tudo porque o relacionamento de Allison com Cristo e sua igreja não era mais uma ameaça para ele.

Na verdade, os homens não querem ser tirânicos nem brutais. Eles agem dessa maneira porque sentem insegurança em seu relacionamento com a esposa e lutam desesperadamente para ocupar a posição que Deus determinou para eles. Uma vez que o homem veja que não tem de lutar pelo amor de sua esposa, que ele tem a obediência e a total atenção dela, ele, em troca, permite que ela tenha suas atividades e interesses — desde que ela não se aproveite da boa vontade dele.

Agora, como disse antes, você não sabe como Deus trabalha em sua situação específica. Talvez seu marido não reaja da mesma maneira que Don e Andy reagiram.

Jake, marido de Laura, deu-lhe um mau momento quando ela lhe contou que o obedeceria e o poria em primeiro lugar de uma maneira que jamais ela fizera antes. Ele não era cristão e resolveu testá-la.

— Muito bem, Laura, vamos essa noite ao Royal Three". (Era um clube noturno que fornecia entretenimento lascivo.)

Laura ficou abalada, mas não demonstrou a Jake como se sentia.

— Falei que faria o que você quisesse, portanto, irei — disse-lhe.

Ele não acreditou nela e continuou dizendo:

— Bem, o que você fará quando isso e aquilo acontecer?

— Farei o que você disser — e continuou a se arrumar.

Eles estavam vestidos e prontos para sair quando, subitamente, ele sente uma terrível dor de cabeça. Ele lhe disse: "Querida, não posso ir". E eles não foram. Deus interveio.

O marido de Marilyn também lhe pediu que fosse a um clube noturno com ele, e ela foi. Contudo, graciosamente absteve-se de participar de algumas atividades de uma maneira que não deixou seu marido se sentir desconfortável. Outra mulher que também estava sentada e olhando, percebeu que Marilyn não estava participando e veio conversar com ela. Marilyn explicou que se abstinha das atividades por causa de sua fé em Jesus Cristo. Assim, Marilyn foi capaz de glorificar seu Salvador mesmo em clube noturno.

O problema de Sally não era tão esmagador. Certo dia, a família visitava a mãe dela. A mãe tinha algumas belas folhas caídas que serviam como rico adubo, e ela ofereceu algumas para que Sally pusesse em suas plantas em casa. Sally pegou um grande balde e o encheu todo. Mas quando ela estava prestes a pôr o balde no carro, George, seu marido, disse-lhe:

— Você não vai levar isso para casa em nosso carro limpo!

— Por que, George? — replicou Sally. — Eu posso pôr papel no chão e segurar o balde, assim ele não vai cair no carro.

— Não, eu não quero um balde sujo no carro.

E ponto final. Sally não discutiu, pois conhecia o princípio da submissão ao marido. Ela planejou voltar mais tarde com a caminhonete para pegar o balde sujo e apenas esqueceu o incidente. Mas, quando estavam se preparando para sair, seu marido a surpreendeu ao dizer: "Oh, vá em frente e pegue o balde cheio de folhas e sujeira. Se você o segurar como prometeu, tudo bem".

Esse pequeno incidente fez Sally pensar em outras situações em seu relacionamento. Ela percebeu que algumas vezes George sentira que não era mais o chefe da casa. Ela viu que ele, quando se sentia seguro de si mesmo e não era desafiado, tornava-se mais flexível.

Muitos problemas matrimoniais resultam da compreensão errônea do relacionamento marido-esposa ou da recusa deliberada da esposa em se submeter ao seu marido. É significante que seis versículos em 1 Pedro 3.1-7 falem à esposa sobre seu papel e apenas um dê instruções para o marido. O papel da mulher é crucial, estratégico e difícil de ser cumprido. Deus dedica tempo extra para instruir a mulher sobre como deve cumprir seu papel; assim ela não vai a extremos, tornando-se escrava, mas ainda conserva sua individualidade e o amor de seu marido.

Basicamente, a proteção da mulher é a Palavra de Deus. O Senhor enfatizou em sua Palavra seu desejo de que ela obedeça ao marido, sem exceções. Se ela obedece, pode depender de Deus para guardar sua Palavra e lidar com seu marido de qualquer maneira que Ele ache necessário para capacitar a mulher a fazer o que Ele quer que ela faça.

A RESPONSABILIDADE DA ESPOSA

Sua atitude em relação a Deus e a seu marido é a chave para o seu sucesso com Deus e o homem. Se você não quer se submeter a seu marido, confesse isso ao Senhor. Confie nEle para controlar sua vida e mudar seu desejo. Você vibrará ao ver a Palavra de Deus se tornar uma realidade viva em sua mente.

Deus a julga responsável por suas atitudes e motivos. Você deve ser transparente diante dEle. Ele não pode ser enganado. "Porque o Senhor não vê como vê o homem. Pois o homem vê o que está diante dos olhos, porém o Senhor olha para o coração" (1 Sm 16.7). Não tente racionalizar nem justificar suas ações. "Todo caminho do homem é reto aos seus olhos, mas o Senhor sonda os corações" (Pv 21.2). É relaxante e reconfortante abrir-se com Deus e ser honesta diante do Senhor. Ele ama você!

Você também não pode jogar com seu marido. Ele pode sentir se você obedece de boa vontade ou de má vontade. Não seja como o menininho cujo pai lhe disse para sentar-se no banco enquanto dirigia o carro. O menininho se recusou. Por fim, o pai ameaçou parar o carro e bater nele continuasse desobedecendo. O menino sentou-se, mas resmungou sob a respiração: "Vou me sentar, mas por dentro ainda estou de pé". Você não pode permitir que fique "de pé por dentro". Tal rebelião destrói sua alegria e a de seu marido.

Lembre-se, os pedidos ou ações irracionais de seu marido, quer ele seja salvo quer não, podem ser estimuladas ou minimizadas por sua atitude. Por isso é tão importante que você obedeça voluntariamente a ele com motivos puros. (É claro, o pré-requisito para um relacionamento certo com seu marido é o relacionamento certo com Deus, livre de pecado inconfesso.)

A Palavra de Deus nos lembra que os maridos podem ser conquistados para o Senhor quando eles observam sua "vida casta, em temor" (1 Pe 3.2), a maneira pura e modesta como você se comporta, juntamente com a reverência [por seu marido. Isto é, você deve sentir por ele tudo que a reverência inclui] — respeitar, ter condescendência, reverenciá-lo; e reverenciar significa honrar, estimá-lo (apreciá-lo, elogiá-lo), e [no sentido humano] adorá-lo; [e adorar significa] admirar, elogiar, ser devotada, amar profundamente e deleitar-se com ele [seu marido].

Em outras palavras, seu marido vê que você não desmorona com as coisas que costumam perturbá-la. Ele vê que quando fica fora a noite toda e não lhe dá nenhum motivo para isso, você não entra em parafuso, não tem acesso de raiva nem o importuna durante dias. Você lhe dá liberdade e o aceita como é. Ele vê que você não dá lugar ao medo (1 Pe 3.6) e tem mais paciência com as crianças. Você é mais cuidadosa. Você tem consideração com ele, o adora, o admira, o louva e gosta de sua companhia.

Quando seu marido vê e vive com esse tipo de mulher, não pode fazer nada além de ser influenciado por ela! Não pode fazer nada, mas é mitigado e estimulado para ser o homem que Deus quer que ele seja. Assim, sua responsabilidade como esposa é cumprir o papel que Deus determinou para você, mantendo seu relacionamento com seu marido nos eixos e deixando tudo o mais com Deus. Confie em Deus para lidar com seu marido e resolver as dificuldades da maneira que Ele achar melhor. Deus anseia que você confie nEle.

E QUANTO A MINHA REPUTAÇÃO?

A mulher sábia fixa sua mente em obedecer a Deus, conforme já discutimos. A primeira preocupação dela é construir um casamento bem-sucedido, não olhar em volta e ver o que os outros pensam sobre o que ela faz nem dispor sua vida de maneira a agradar aos outros. Em outras palavras, não se preocupe com os mexericos nem em ouvir conselhos bem-intencionados, mesmo se vierem de amigos cristãos.

Sua responsabilidade é fazer a vontade de Deus, não procurar a aprovação dos outros. Jesus Cristo disse: "Eu não posso de mim mesmo fazer coisa alguma; como ouço, assim julgo, e o meu juízo é justo, porque não busco a minha vontade, mas a vontade do Pai, que me enviou" (Jo 5.30). Se Jesus disse que veio fazer a vontade de Deus, não a dEle mesmo, com certeza você também deve pôr a vontade de Deus em primeiro lugar em sua vida.

A reputação de Jesus não era muito boa em alguns círculos religiosos. Algumas pessoas religiosas o acusavam de ser bêbado (veja Lc 7.34). Outros diziam: "Eis aí um homem comilão e beberrão, amigo de publicanos e pecadores" (veja Mt 11.19). Jesus "aniquilou-se a si mesmo, tomando a forma de servo, fazendo-se semelhante aos homens" (Fp 2.7).

Maria, mãe de Jesus, tinha má reputação entre aqueles que não acreditavam no nascimento virginal. Disseram que um dos motivos por que José levou Maria com ele para Belém, no ano em que Jesus nasceu, foi para protegê-la da fofoca em sua casa. Mesmo hoje, algumas pessoas chamam Jesus de o filho ilegítimo de Maria.

Nós pertencemos a Jesus Cristo. Podemos confiar nEle para cuidar de nós — somos propriedade dEle. "Refrigera a minha alma; guia-me pelas veredas da justiça *por amor do seu nome*" (Sl 23.3; grifo da autora). É a reputação dEle que está em jogo quando você obedece a Ele e ao seu marido, não a sua.

SOMBRAS NO ESCURO

Muitas questões e temores são produto de nossa imaginação e preocupação. Não se deixe perturbar por causa da situação de qualquer outra pessoa ou por qualquer possibilidade desconhecida. Jesus prometeu ser suficiente para todos aqueles que confiam nEle a fim de resolver seus problemas *atuais*. "Fiel é Deus, pelo qual fostes chamados para a comunhão de seu Filho Jesus Cristo, nosso Senhor" (1 Co 1.9). Preocupe-se com o fato de os "e se" serem pecado. "Lançando sobre ele toda a vossa ansiedade, porque ele tem cuidado de vós" (1 Pe 5.7). Deixe que a luz de Jesus Cristo dissolva todos seus temores ou as "sombras no escuro"!

DIRETRIZES PARA REALIZAR A VONTADE DE DEUS

Seu papel de submissão ao seu marido se torna uma empolgante aventura quando você percebe que uma das razões para esse papel é desenvolver uma atitude madura em você. A vontade de Deus para seus filhos é que se tornem iguais a Jesus Cristo. "Porque os que dantes conheceu, também os predestinou para serem conformes à imagem de seu Filho, a fim de que ele seja o primogênito entre muitos irmãos" (Rm 8.29). Deus quer usar qualquer situação em que você se encontre para torná-la igual a Jesus Cristo.

Há alguma área em que você esteja com problemas com seu marido? Já lhe ocorreu que esses problemas podem ser o resultado de alguma imaturidade sua? Todas as pessoas são voluntariosas (ANP [Antiga Natureza Pecaminosa]). Quando a ANP está no controle de sua vida, seu casamento é infeliz. Deus pode usar um marido enérgico ou retraído, deixando-a sob a responsabilidade desse homem a fim de quebrantar sua vontade.

"Assim também vós considerai-vos como mortos para o pecado, mas vivos para Deus, em Cristo Jesus, nosso Senhor" (Rm 6.11). Quando mudamos nosso desejo para o de Cristo, a dor inicial de morrer para o "eu" é uma dor curadora, seguida de paz e realização. Quando não queremos mudar nosso desejo pelo de Cristo, sentimos um tipo de dor que produz angústia.

Jesus Cristo nunca prometeu uma vida livre de problemas. "Muitas são as aflições do justo, mas o Senhor o livra de todas" (Sl 34.19). Esses problemas são para o nosso benefício.

> *Foi*-me bom ter sido afligido, para que aprendesse os teus estatutos. Melhor *é* para mim a lei da tua boca do que inúmeras riquezas em ouro ou prata. [...] A tua fidelidade estende-se de geração a geração; tu firmaste a terra, e firme permanece. Conforme o que ordenaste, tudo se mantém até hoje; porque todas as coisas te obedecem (Sl 119.71,72,90,91).

Outra diretriz a ser considerada é a posição de nosso marido. Ele é uma ferramenta na mão do Pai. Você deve honrar e respeitar a posição dele, não necessariamente sua personalidade. Seu marido pode não entendê-la e ter uma personalidade difícil que a aborrece, mas Deus prometeu que trabalharia do começo ao fim dessas deficiências se sua atitude agradar a Ele. "Sendo os caminhos do homem agradáveis ao Senhor, até a seus inimigos faz que tenham paz com ele" (Pv 16.7). Se Deus pode capacitá-la para viver pacificamente com um inimigo, com certeza pode ajudá-la a viver em paz com um marido genioso.

Quando surgir um problema, pergunte-se: "O que Deus está me dizendo por meio dessa situação?" Perdemos muitas lições valiosas por não responder dessa maneira às dificuldades.

Jesus Cristo tentou me alcançar muitas vezes por meio de uma lição específica antes que eu percebesse o que Ele queria me ensinar. DeWitt demonstrou, com freqüência, sua desaprovação por minhas conversas telefônicas enquanto ele estava em casa. Eu o achava injusto. Por fim, o Senhor me alcançou e me mostrou que meu comportamento mostrava mais preocupação com os outros que com meu marido. Ao perceber o que minhas ações sugeriam vi o quanto estava errada. Minha obstinação em não perceber antes o que Deus queria me mostrar causa muito atrito desnecessário. Deus vê áreas fracas em nossa vida — áreas das quais, com freqüência, não estamos conscientes — e quer nos ajudar. O salmista disse: "Porque todos os meus caminhos estão [são totalmente conhecidos] diante de ti" (Sl 119.168; inserção da autora).

Outra coisa que a ajuda a se submeter ao seu marido é descobrir quais são os reais motivos dele. Isso a ajuda a ser uma colaboradora para ele. Por exemplo, por que ele não quer que compre o vestido que você está doida para comprar? Ele quer feri-la ou está pensando no orçamento familiar?

Alguns homens são viciados em drogas, bebidas ou jogo. A ânsia de jogar, a necessidade de uma dose, ou a embriaguez, pode torná-lo irracional. Você deve obedecer-lhe sob essas circunstâncias?

Se seu marido bebe ou tem algum outro vício que afeta seu raciocínio, procure os objetivos básicos dele ou qual é o desejo dele em uma situação específica e obedeça a eles, não às ordens irracionais dele quando está bêbado ou desvairado. Você não está desobedecendo a ele nessa circunstância, mas executando instruções que ele lhe daria se não estivesse com seu estado de consciência alterado.

Bill tinha o costume de jogar e parecia não ter controle sobre seu desejo. Às vezes, ele ganhava grandes somas de dinheiro, mas, outras vezes, perdia tudo que tinha. Por fim, ele percebeu que o jogo poderia ferir sua esposa, seus filhos e a si mesmo. Um dia, logo depois de ganhar uma grande soma de dinheiro, foi ao advogado e pôs o dinheiro ganho em uma poupança. Ele disse ao advogado: "Quero que seja feito um tipo de contrato em que eu nunca possa tocar nesse dinheiro. Isso é para o futuro de meus filhos e se houver alguma necessidade imediata só minha esposa o pode usar. Se eu vier até você de joelhos e implorar para que você quebre o contrato e me dê o dinheiro, não me obedeça".

Mais tarde, ele pediu a sua esposa que tirasse uma parte daquele dinheiro da poupança, mas ela se recusou, pois sabia que em seu estado normal, com a "disposição correta da mente", ele não queria que ela tocasse no dinheiro a não ser que houvesse real necessidade.

O Espírito Santo de Deus a capacita para ser criativa ao responder às situações. Você se surpreenderá com as alternativas que Ele lhe dará para seguir as orientações de seu marido, enquanto mantém as convicções pessoais.

Escolha com cuidado suas palavras ao responder criativamente às solicitações de seu marido. Sua resposta não deve projetar nenhuma desaprovação em relação a ele nem fazer com que se sinta culpado. A obediência à Palavra de Deus a ajuda a desenvolver seu bom senso e bom julgamento. "Ensina-me bom juízo e ciência, pois cri nos teus mandamentos" (Sl 119.66).

Quando seu marido tomar uma decisão errada, lembre-se de que Deus é maior que ele ou que a sua circunstância; assim, dê tempo para que Deus mude a mente de seu marido. Lembre-se: "Como ribeiros de águas, assim é o coração do rei na mão do Senhor; a tudo quanto quer o inclina" (Pv 21.1). "Ele muda os tempos e as horas; ele remove os reis e estabelece os reis; ele dá sabedoria aos sábios e ciência aos inteligentes" (Dn 2.21).

Não se surpreenda com o que Deus pode usar para mudar a mente de seu marido! Depois que DeWitt decidiu comprar uma motocicleta passaram-se vários meses antes que Deus mudasse sua mente em relação ao assunto. Deus usou esse período para me ensinar sobre a fidelidade dEle. Sem muita dificuldade, fui capaz de confiar em Cristo em relação ao fato de meu marido ter comprado uma motocicleta e guiá-la, mas quando ele falou em comprar minimotocicletas para os meninos, achei que estava indo longe demais!

Exercitei meu privilégio de compartilhar meus sentimentos sobre os perigos do motociclismo. Ele pareceu concordar e achei que o assunto estava resolvido. Mais tarde, entretanto, ele exerceu seu direito de desconsiderar minha decisão e comprou minimotocicletas para os meninos. Eu sabia que minha parte era aceitar sua decisão e confiar em Deus para o resultado disso. Coloquei a segurança dos meninos nas mãos de Deus e, pela fé, entrei na alegria deles. Semanas depois, DeWitt sofreu um estranho acidente quando entrava em nossa garagem certa noite. Ele feriu o joelho, apenas o suficiente para se convencer do perigo que o motociclismo representava. Assim, três dias depois desse acidente, ele decidiu vender a motocicleta. Ele também decidiu não consertar um defeito imprevisto que apareceu logo depois nas minimotocicletas. Quando Deus muda a mente de alguém, Ele o faz de maneira total.

Espere pressão enquanto Deus trabalha para mudar a mente de seu cônjuge. Seu marido pode lhe dar um período de tempo ruim apenas para ver se você realmente pretende apoiar uma decisão dele com a qual não concorda. Confie na suficiência de Cristo até o fim desse período de pressão. "Bendito seja o Senhor, minha rocha, que adestra as minhas mãos para a peleja e os meus dedos para a guerra; benignidade minha e fortaleza minha; alto retiro meu e meu libertador és tu; escudo meu, em quem eu confio, e que me sujeita o meu povo" (Sl 144.1,2). Deus usa essas pressões reais para fortalecer seu caráter. "E não somente isto, mas também nos gloriamos nas tribulações, sabendo que a tribulação produz a paciência; e a paciência, a experiência; e a experiência, a esperança" (Rm 5.3,4).

Cada membro da sua família pode fortalecer seu caráter por meio dos problemas e provações exatamente como você. Muitas vezes, você causa mais dano que bem ao proteger em excesso os entes queridos. Eles podem aprender lições valiosas por meio de erros, sofrimento ou problema, as quais não poderiam aprender de outra maneira. Não lhes roube tais oportunidades.

Quando você se deleita no Senhor, "ele te concederá o que deseja o teu coração. Entrega o teu caminho [e cada cuidado desse caminho] ao Senhor; confia [apóie-se, confie, e esteja segura] nele, e ele tudo fará" (Sl 37.4,5; inserções da autora). O essencial é deleitar-se no *Senhor*, não em *seu* desejo. Devemos agir de acordo com o plano e o tempo de Deus, não o nosso.

Esteja preparada! Deus pode mudar seus desejos. Recentemente, compramos mobília nova para o quarto. Eu também queria mesinhas de cabeceira, mas DeWitt disse que não precisávamos. Minha resposta imediata foi de rebelião. Depois, entreguei meu desejo ao Senhor. Quando fiz isso, Deus mudou meu desejo para corresponder ao de DeWitt. Ninguém pode perder no plano de Deus.

Quando você aplica essas perspectivas e é totalmente obediente ao seu marido "como também ao Senhor", você pode compartilhar a resposta de Davi ao Senhor: "Grande é o nosso Senhor e de grande poder; o seu entendimento é infinito" (Sl 147.5).

RESUMO DA SUBMISSÃO

Deus usa autoridade para expor nosso coração a fim de que possamos fazer progressos no caminho da maturidade. Nossa resposta à autoridade é um teste vertical para ver se queremos escutar a Deus, se queremos trocar nosso caminho pelo caminho dEle e se queremos deixar que Ele nos surpreenda com sua proteção e bênçãos.

Watchman Nee, em seu livro *Autoridade Espiritual*, trata de maneira detalhada esse assunto para estudos posteriores. Ele faz uma afirmação com a qual concordo e que resume o assunto: A SUBMISSÃO É ABSOLUTA — A OBEDIÊNCIA É RELATIVA. Há um incidente em Daniel 3 que ilustra esse ponto. Sadraque, Mesaque e Abede-Nego eram submissos, conforme o relato, no coração, palavras e ações ao rei que lhes fez um pedido que era uma heresia. Eles se submeteram à autoridade, mesmo quando isso significou aceitar ser lançados à fornalha, embora continuassem se recusando a não obedecer ao pedido herético do rei. A submissão é uma atitude. A submissão é ter coração e motivo puros, rendidos, entregues ao nosso Deus. Quando esses três homens hebreus mostraram um espírito submisso, o Senhor os encontrou de uma maneira especial. Veja Daniel 3.25.

CAPÍTULO 9

Encanto Duradouro

A maioria das mulheres daria qualquer coisa para ter uma beleza que crescesse em vez de uma que desvanece à medida que amadurecem. Não obstante, esse tipo de beleza é a herança de toda mulher que pertence a Cristo. Deus descreve essa beleza em 1 Pedro 3.4: "mas o homem encoberto no coração, no incorruptível trajo de um espírito manso e quieto, que [não é ansioso nem ornado, mas] é precioso diante de Deus" (inserção da autora). A beleza incorruptível ou perene começa no interior, e sua radiação transforma sua aparência externa.

Você pode estar obcecada por aspectos imutáveis que considera feios, como nariz ou orelhas grandes, uma face longa ou testa extremamente alta. Quando ficar tentada a se preocupar com essas características, lembre-se de que você as tinha quando seu marido a escolheu. Essas características não são importantes para ele, porque são partes da pessoa que ele ama em sua totalidade. Agradeça a Deus por elas, sabendo que têm um propósito no plano de Deus para sua vida. Quando você confia nEle, essas características são usadas em seu benefício.

O brilho em seus olhos, o sorriso caloroso, a postura feminina radiante e fresca e o espírito gentil e pacífico significam mais para seu marido que suas características externas. É claro que os homens têm gostos distintos. Um pode escolher uma mulher quieta e tímida; outro, uma mulher extrovertida; e ainda outro, um tipo *glamouroso*. Mas as características básicas de beleza são as mesmas. A beleza perene satisfaz a mulher que a tem como também os que estão à volta dela.

Sua beleza interior fica evidente apenas quando você percebe que você vale a pena e tem muito valor. Você não é "inferior". Você é da realeza — uma filha do Rei! "Sabendo que não foi com coisas corruptíveis, como prata ou ouro, que fostes resgatados da vossa vã maneira de viver que, por tradição, recebestes dos vossos pais, mas com o precioso sangue de Cristo, como de um cordeiro imaculado e incontaminado" (1 Pe 1.18,19). Estar ciente de seu verdadeiro valor por causa do que Cristo fez por você lhe dá auto-respeito e auto-estima. As pessoas a sua volta, por sua vez, terão o mesmo respeito por você.

A fonte de sua beleza incorruptível é a condição espiritual de seu coração: "Porque, como imaginou na sua alma, assim é" (Pv 23.7). A natureza gentil e a aparência pacífica se espelharão em seus olhos e se manifestarão em suas características exatamente como se sua face fosse um sensível cardiógrafo. As atitudes amáveis que dominam seu coração aparecerão como expressões agradáveis em sua face. Olhos brilhantes, sorriso caloroso e músculos faciais relaxados são sintomas de uma boa condição de "coração". Em contraste, olhar embotado, linhas ásperas dos lábios e carranca são sintomas de uma má condição de "coração". E a condição do coração só pode ser alterada por Ele — Jesus Cristo, o Médico dos médicos.

Você foi feita para ser bonita! Seu Pai celestial quer que você, como filha do Rei, seja atraente de modo especial. Como diz o salmista: "Então, o rei se afeiçoará à tua formosura, pois ele é teu senhor; obedece-lhe. [...] A filha do rei é toda ilustre no seu palácio; as suas vestes são de ouro tecido" (Sl 45.11,13).

O SALÃO DE BELEZA DE DEUS

Sua beleza aumenta quando você mantém um compromisso diário com Deus em seu "salão de beleza". O tratamento de beleza dEle está disponível, sem qualquer custo, para todas aquelas que almejam a beleza perene e aceitam o tratamento dEle. O tratamento envolve estudo regular da Bíblia, obediência aos princípios que Ele revela por meio desse estudo e conversa com Ele em oração.

Quando Deus começar o tratamento em você, perceba como seus pensamentos e maneiras naturais de fazer as coisas são opostas aos pensamentos e às maneiras dEle. Seus pensamentos são influenciados pelo sistema mundano, e sua ANP (Antiga Natureza Pecaminosa) se opõe a Deus.

> Porque os meus pensamentos não são os vossos pensamentos, nem os vossos caminhos, os meus caminhos, diz o Senhor. Porque, assim como os céus são mais altos do que a terra, assim são os meus caminhos mais altos do que os vossos caminhos, e os meus pensamentos, mais altos do que os vossos pensamentos (Is 55.8,9).

Deus trabalha para desenvolver sua beleza quando você se entrega a Ele como se entrega nas mãos de uma esteticista. "E seja sobre nós a graça do Senhor, nosso Deus; e confirma sobre nós a obra das nossas mãos; sim, confirma a obra das nossas mãos" (Sl 90.17). O tratamento de beleza dEle envolve sentar debaixo de sua lâmpada da beleza para deixá-la purificar as imperfeições de sua vida — transformando a escuridão na luz radiante da beleza.

Em Efésios 4.17,18, nossa natural condição pecaminosa é chamada de escuridão: "... não andeis mais como andam também os outros gentios, na vaidade do seu sentido entenebrecidos no entendimento, separados da vida de Deus, pela ignorância que há neles, pela dureza do seu coração". A única solução para essa escuridão (pensamentos, atitudes e ações erradas) é a luz transformadora de Jesus Cristo que produz beleza verdadeira. Jesus disse: "Eu sou a luz do mundo; quem me segue não andará em trevas, mas terá a luz da vida" (Jo 8.12).

Você pode pensar: "Jesus Cristo não está mais presente em corpo na terra para ser minha luz". Você está certa. Ele agora está sentado "à destra do trono de Deus" (Hb 12.2). Ainda que hoje Jesus Cristo esteja à mão direita do Pai, Ele deixou provisão total para você por meio da Palavra dEle. Ele é a Palavra Viva: "No princípio [antes de todo o tempo], era o Verbo [Cristo], e o Verbo estava com Deus, e o Verbo era Deus" (Jo 1.1; inserções da autora).

Cristo deixou a Palavra, seus pensamentos escritos, para nos dar direção e nos mostrar sua vontade. Ele, a Palavra Viva, tornou sua Palavra escrita viva para nós para que saibamos como aplicá-la a nossa situação individual. A Palavra dEle é uma carta pessoal para nós. Ele promete: "Porque quem conheceu a mente do Senhor, para que possa instruí-lo? Mas nós temos a mente [sentimentos e propósitos] de Cristo" (1 Co 2.16; inserção da autora). Quando olhamos para Jesus, Ele nos dá sabedoria e possibilidade de nos relacionarmos com Ele para conhecê-lo melhor. (Veja Ef 1.17.)

Provérbios 4.9, descreve a Palavra (sabedoria) dEle desta maneira: "Dará à tua cabeça um diadema de graça e uma coroa de glória te entregará". Quando você lê isso, deve decidir se acredita ou não. Se sua resposta for positiva, Deus, por meio do Espírito Santo, usa esse conhecimento para iluminar sua alma ou o seu "eu". A luz da Palavra de Deus afugenta a escuridão do pecado, purificando-a e tornando-a semelhante a Jesus Cristo. "Vós já estais limpos pela palavra que vos tenho falado" (Jo 15.3).

Se você diz não para a Palavra de Deus, o princípio dela pode permanecer em sua mente como conhecimento intelectual, mas não a transforma. Mas se você permite que sua mente seja transformada para ser como a mente de Cristo, e se age de acordo com os princípios de Deus, você conhece a estabilidade, a paz interior, a realização e a beleza. Além disso, Cristo disse: "Se vós estiverdes em mim, e as minhas palavras estiverem em vós, pedireis tudo o que quiserdes, e vos será feito" (Jo 15.7).

Você sabe se diz sim ou não à Palavra de Deus por meio da aplicação ou falta de aplicação das Escrituras às suas situações diárias. Por exemplo, Deus diz em 1 Pedro 5.7 para que você não se preocupe, mas deixe que Ele cuide de seus problemas. Se você se recusa a dar a Ele seus problemas dizendo: "Ninguém se preocuparia em minha situação", ou: "É da minha natureza ficar preocupada", você vive de acordo com os princípios dos homens, não de Deus (veja o diagrama na página 125).

A Palavra de Deus pode evitar que você entre em pânico quando você constata que Ele provê para todas as circunstâncias de sua vida. "E não há criatura alguma encoberta diante dele; antes, todas as coisas estão nuas e patentes aos olhos daquele com quem temos de tratar" (Hb 4.13).

Ele não apenas sabe todas as coisas, mas já providenciou vitória para você em cada situação que tiver de enfrentar (1 Co 10.13; 15.57). E a luz dEle é suficiente para todos os caminhos da vida: "Lâmpada para os meus pés é tua palavra e luz, para o meu caminho" (Sl 119.105).

A Palavra de Deus também é como um espelho em que se revelam os defeitos de sua beleza (Tg 1.23-26). Esses defeitos ou pecados ofendem o Espírito Santo (Ef 4.30) e ofuscam sua luz transformadora de beleza. A confissão (veja 1 Jo 1.9) traz o Espírito Santo de volta ao controle total; assim, a luz (Palavra) pode brilhar em todas as áreas de sua vida e transformá-la na imagem de Jesus Cristo.

> Rogo-vos, pois, irmãos, pela compaixão de Deus, que apresenteis o vosso corpo em sacrifício vivo, santo e agradável a Deus, que é o vosso culto racional. E não vos conformeis com este mundo, mas transformai-vos pela renovação do vosso entendimento, para que experimenteis qual seja a boa, agradável e perfeita vontade de Deus (Rm 12.1,2).

A oração também é uma importante parte do tratamento de beleza de Deus. Jesus disse: "Se vós estiverdes em mim, e as minhas palavras estiverem em vós, pedireis tudo o que quiserdes, e vos será feito" (Jo 15.7). Ele também afirma: "Até agora, nada pedistes em meu nome; pedi e recebereis, para que a vossa alegria se cumpra" (Jo 16.24).

Quando você partilha seu louvor, seus pedidos e suas necessidades com Deus em oração em nome de Jesus, Ele promete ouvir, e responder, e enchê-la de alegria. E a alegria pode transformar a face mais comum em um semblante radiante.

É verdade, algumas condições têm de ser cumpridas para que a oração seja respondida. Se você guarda pecados inconfessos, Deus não a ouve (veja Sl 66.18) e sua alegria desaparece. Mas você pode orar como o rei Davi: "Cria em mim, ó Deus, um coração puro e renova em mim um espírito reto. [...] Torna a dar-me a alegria da tua salvação e sustém-me com um espírito

ROMANOS 12.1,2

ou

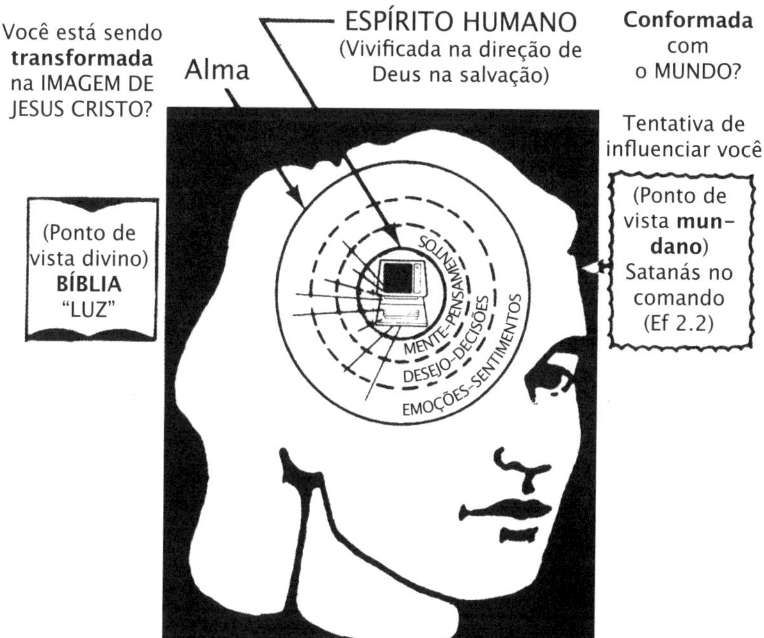

PONTO DE VISTA DIVINO: Viver de acordo com os princípios de Deus (conforme ensinado na Bíblia)

PONTO DE VISTA MUNDANO: Viver de acordo com os princípios dos homens (conforme ensinado na mídia de massa ou por outros indivíduos)

 = área de armazenagem para os princípios pelos quais vivemos

voluntário" (Sl 51.10,12). Se você recusar-se a ouvir a Palavra de Deus, suas orações não são aceitas por Ele. "O que desvia os seus ouvidos de ouvir a lei, até a sua oração será abominável" (Pv 28.9).

Deus também ensina: "Orai sem cessar" (1 Ts 5.17). Ore a respeito de tudo (veja Fp 4.6,7) e você conhecerá a paz dEle — outra maravilhosa ajuda para a beleza.

Certamente, se você passar tempo no salão de beleza de Deus, lendo a Palavra dEle e deixando que ela trabalhe em sua vida, e separar um tempo para orar, o esplendor de Deus brilhará em sua face e personalidade. Não há beleza como essa.

ARMADILHAS MORTAIS QUE ARRUÍNAM A BELEZA

A beleza que Deus cria e revela em você pode ser arruinada quando a raiva, o temor ou a depressão controlam sua vida. As emoções carnais não podem controlá-la sem danificar sua beleza e sua saúde física e espiritual. Os médicos estimam que essas emoções causam de 60% a 90% de todas as doenças. Desde que você não queira que sua beleza seja destruída, veja o que a Palavra de Deus tem a dizer sobre essas mortais armadilhas emocionais.

1. Raiva

A raiva assume várias formas: inveja, intolerância, crítica, vingança, ódio, rebeldia, ciúmes e condenação. Muitas dessas formas de raiva, e outras mais, são mencionadas em Efésios 4.31: "Toda amargura [paixão, furor e mau temperamento], e ira [ódio, animosidade], e cólera, e gritaria [briga, tumulto, disputa], e blasfêmias [falar mal, linguagem blasfema ou abusiva], e toda malícia [contenta, desejo doentio ou qualquer disputa] seja tirada de entre vós" (inserções da autora). Deus ordena que você não seja controlada por essas emoções carnais que fluem de sua ANP (Antiga Natureza Pecaminosa), porque Ele quer que você seja feliz e bela. Olhe-se no espelho quando estiver com raiva e veja como sua beleza fica desfigurada.

Uma esposa controlada por Jesus Cristo é uma coroa de alegria para seu marido, mas, quando ela é controlada pela raiva, sua presença pode torturar: "Melhor é morar num canto de umas águas-furtadas [no telhado oriental plano, exposto a todo tipo de clima] do que com a mulher rixosa numa casa ampla. [...] Melhor é morar numa terra deserta do que com a mulher rixosa e iracunda" (Pv 21.9,19; inserções da autora).

Você sabe que o gotejar de água na cabeça de alguém é uma forma de tortura? A Bíblia sugere que uma mulher raivosa é como um tormento diabólico. "Grande miséria é para o pai o filho insensato, e um gotejar [de água através de uma goteira no telhado] contínuo, as contenções da mulher. [...] O gotejar contínuo no dia de grande chuva e a mulher rixosa, um e outro são semelhantes" (Pv 19.13; 27.15; inserções da autora).

Basta Deus ordenar uma vez para que se saiba que isso é importante. O fato de Ele se referir com freqüência à aversão que tem às mulheres raivosas deve servir de alerta para que você perceba a seriedade do problema da raiva. Deus não quer que você esqueça esse ponto.

A raiva se multiplica e se reproduz sozinha na vida de nosso marido e filhos. "O vento norte afugenta a chuva, e a língua fingida, a face irada. Melhor é morar num canto de umas águas-furtadas do que com a mulher rixosa numa casa ampla" (Pv

25.23,24). A irrupção da raiva em sua família pode ser a causa, talvez inconsciente, pelo seu mau humor? Sua família reflete seu humor, sua atitude e suas aspirações.

O caso mais comum de raiva é identificado por uma palavra feia — "egoísmo". Quando você está com raiva, habitualmente é porque acha que seus direitos foram violados. Ou queria que algo fosse feito a você, porém não isso não aconteceu. Você pode desculpar-se e justificar sua fraqueza e, até mesmo, ceder à vingança e à amargura, mas suas motivações ainda são egoístas.

Reconheça os sintomas enumerados acima como evidências de que você é controlada pela ANP, confesse-os como pecados e confie em Cristo para transformá-la.

2. *Temor*

O temor é uma armadilha tão danosa à sua beleza e saúde quanto a raiva. Nenhum tipo de cosmético mascara a autoconsciência, as dúvidas e temores que se refletem em sua face. O temor é exibido por meio da ansiedade, da dúvida, da timidez, da indecisão, da superstição, do retraimento, da solidão, do excesso de agressividade, da preocupação, dos sentimentos de inferioridade, da covardia, da hesitação, da depressão, da arrogância ou da desconfiança.

O que causa o temor? Ele pode originar-se de uma consciência culpada pelo pecado. O primeiro pecado de Adão e Eva — comer o fruto proibido — trouxe o temor.

> E ouviram a voz do Senhor Deus, que passeava no jardim pela viração do dia; e escondeu-se Adão e sua mulher da presença do Senhor Deus, entre as árvores do jardim. E

> chamou o Senhor Deus a Adão e disse-lhe: Onde estás? E ele disse: Ouvi a tua voz soar no jardim, e temi, porque estava nu, e escondi-me (Gn 3.8-10).

O pecado os fez se esconderem, temendo a presença do Senhor, ao passo que antes do pecado eles se deleitavam com a presença e comunhão com Deus.

O pecado gera o temor do qual você tenta escapar, quer física quer mentalmente. "Fogem os ímpios, sem que ninguém os persiga; mas qualquer justo está confiado como o filho do leão" (Pv 28.1). Você não tem que provar nem justificar a si mesma se não é culpada. Você não precisa ter medo se é inocente. "Na caridade, não há temor; antes, a perfeita [completa, plena] caridade lança fora o temor; porque o temor tem consigo a pena, e o que teme não é perfeito em caridade. [...] Amados, se o nosso coração nos não condena, temos confiança para com Deus" (1 Jo 4.18; 3.21; inserção da autora).

Se você tem sentimento de culpa, talvez *você seja* culpada. Compare seus atos com a Palavra de Deus a fim de determinar sua verdadeira condição. Se a Palavra de Deus revelar sua culpa, confesse seu pecado e agradeça a Jesus Cristo por ter pago a penalidade por esse pecado quando morreu na cruz em seu lugar. O Pai perdoa e esquece seu pecado por causa da obra de Cristo feita para você. "Quanto está longe o Oriente do Ocidente, assim afasta de nós as nossas transgressões" (Sl 103.12). Não olhe para trás nem se lembre do pecado de novo. Deixe-o ser um caso encerrado.

Graças à obra de Cristo na cruz, você pode se sentir livre do fardo do complexo de culpa. Se você for culpada, confesse seu pecado e aceite o perdão de Cristo. Se o pensamento de seu pecado confessado entrar em sua mente de novo, apenas agradeça Deus pelo perdão e siga em frente.

O temor também vem da falta de conhecimento ou de fé na Palavra de Deus. Pedro demonstrou falta de fé em Cristo, e isso o levou a sentir terror:

> Mas, à quarta vigília da noite [entre três e seis horas], dirigiu-se Jesus para eles, caminhando por cima do mar. E os discípulos, vendo-o caminhar sobre o mar, assustaram-se, dizendo: É um fantasma. E gritaram, com medo. Jesus, porém, lhes falou logo, dizendo: Tende bom ânimo, sou eu; não temais. E respondeu-lhe Pedro e disse: Senhor, se és tu, manda-me ir ter contigo por cima das águas. E ele disse: Vem. E Pedro, descendo do barco, andou sobre as águas para ir ter com Jesus. Mas, sentindo o vento forte, teve medo; e, começando a ir para o fundo, clamou, dizendo: Senhor, salva-me [da morte]. E logo Jesus, estendendo a mão, segurou-o e disse-lhe: Homem de pequena fé, por que duvidaste? (Mt 14.25-31; inserções da autora).

Primeiro, Pedro reconheceu Jesus e ficou apavorado. Quando você não reconhece o poder do Senhor para encontrar solução para os problemas do mundo, você também pode ficar aterrorizado. Assim, a confiança de Pedro em Cristo o capacitou a andar sobre as águas a fim de encontrar o Mestre. Contudo, o vento forte agitou o mar, e Pedro, assustado, duvidou da suficiência de Cristo para ele.

Não é isso que acontece com você? Quando os problemas ou a antecipação de problemas da vida a ameaçam você teme por si mesma e pelos entes queridos. Você teme não ter força suficiente para enfrentar as exigências que tem pela frente. E a verdade é que se você estiver afastada de Cristo não pode fazer nada (Jo 15.5). Contudo, você pode falar como Paulo: "Posso todas as coisas naquele que me fortalece" (Fp 4.13). Ou seja, sou auto-suficiente na suficiência de Cristo

Jesus Cristo ordena que não temamos e promete nos dar vitória independentemente da situação. "Não temas, porque eu sou contigo; não te assombres, porque eu sou o teu Deus; eu te esforço [para as dificuldades], e te ajudo, e te sustento com a destra da minha justiça" (Is 41.10; inserção da autora).

O Cristo amoroso nos lembra do zelo cuidadoso de nosso Pai celestial. "Não se vendem dois passarinhos por um ceitil? E nenhum deles cairá em terra sem a vontade de vosso Pai. E até mesmo os cabelos da vossa cabeça estão todos contados. Não temais, pois; mais valeis vós do que muitos passarinhos" (Mt 10.29-31).

Reconheça a armadilha mortal do temor armada por Satanás. Lembre-se de Salmos 27.1: "O Senhor é a minha luz e a minha salvação; a quem temerei? O Senhor é a força da minha vida; de quem me recearei?"

3. Depressão

A última armadilha mortal que pode arruinar sua beleza é a depressão mental. O aumento de vendas de tranqüilizantes e antidepressivos indica que a depressão é hoje um dos maiores problemas da sociedade.

A depressão pode ser conseqüência de uma condição física ou espiritual anômala. Você pode ficar deprimida por causa de um desequilíbrio químico em seu corpo ou por outro mau funcionamento físico. Se estiver deprimida, primeiro consulte um médico para determinar se a causa da depressão é física.

A violação dos princípios de Deus também causa depressão. Viver pelos princípios divinos produz vida abundante, mas violar esses princípios destrói a existência. "O teu caminho e as tuas obras te trouxeram estas coisas; esta é a tua iniqüidade, que, de tão amargosa, te chega até ao coração" (Jr 4.18). O Senhor lembrou Caim desse princípio logo antes de ele matar seu irmão Abel. "E o Senhor disse a Caim: Por que te iraste? E por que descaiu o teu semblante? Se bem fizeres, não haverá aceitação para ti? E, se não fizeres bem, o pecado jaz à porta, e para ti será o seu desejo, e sobre ele dominarás" (Gn 4.6,7).

A depressão pode ser um estágio avançado da raiva ou do temor que você deixou entrar de maneira imperceptível em sua vida. Já estabelecemos que a raiva e o temor são basicamente o egoísmo. Quando permitimos o egoísmo, ele pode assumir a forma de autopiedade. A autopiedade é muito sutil. Com freqüência, tentamos justificá-la ao pensar: "Não mereço esse tratamento", ou: "Meu marido não é capaz de apreciar tudo que faço por ele". A depressão, o preço que você paga pela autopiedade, não vale a satisfação doentia que ela dá.

Evite a depressão concentrando seus pensamentos em sua posição em Cristo, em vez de nas condições a sua volta.

> Portanto, se já ressuscitastes com Cristo [para uma nova vida, compartilhando assim a ressurreição dEle dentre os mortos], buscai as coisas que são de cima [os ricos e eternos tesouros], onde Cristo está assentado à destra de Deus. Pensai nas coisas que são de cima e não nas que são da terra; porque [da forma colossal como este mundo se preocupa] já estais mortos, e a vossa vida [nova e real] está escondida com Cristo em Deus (Cl 3.1-3; inserções da autora).

Sua posição de união com Cristo é o fundamento para toda a sua vida espiritual e crescimento. Essa posição estabeleceu-se eternamente quando você recebeu a Jesus Cristo como seu Salvador pessoal. "Assim que, se alguém está [enxertado] em Cristo, nova criatura é: as coisas velhas já passaram; eis que tudo se fez novo" (2 Co 5.17).

No momento de sua salvação, você obtém um relacionamento eterno com Deus, a garantia, entre outras coisas, de que viverá para sempre com Ele. Todos seus pecados foram pagos por Cristo; você tem a vida de Cristo (vida eterna) e compartilha a justiça e o destino dEle. Em outras palavras, você é beneficiária da herança de Deus e herdeira junto com Cristo. Concentrar-se em sua posição privilegiada em Cristo é como ganhar um milhão de reais que um benfeitor depositou em sua conta bancária. Concentrar-se nas condições desfavoráveis é como viver na pobreza, inconsciente das riquezas disponíveis.

O princípio de concentrar-se em seu lugar em Cristo também pode ser descrito da seguinte maneira. Podemos encher um quarto com as mulheres que, certamente, estarão com a mente voltada para muitos e variados detalhes de nosso cotidiano. Uma pode estar pensando sobre o penteado ou vestido de sua vizinha. Outra, sobre um ponto da conversa. Contudo, quando uma celebridade entra no recinto, todas as mulheres concentram a atenção em tal pessoa. Nossa vida e atenção devem estar centradas na "celebridade" Jesus Cristo, pois nosso lugar é nEle. Assim, os detalhes da vida ocupam os lugares que lhe são devidos, e começamos a usufruir da herança que já é nossa.

Uma coisa bonita sobre sermos filhas de Deus é que você, se cair, não precisa ficar sob o controle da ANP que a desfigura. Você pode escapar das armadilhas de Satanás com seus efeitos destruidores. "E tornarem a despertar, desprendendo-se dos laços do diabo, em cuja vontade estão presos" (2 Tm 2.26). Você escapa da armadilha se seguir estes passos: (1) encare sua raiva, temor e autopiedade como pecados; (2) confesse sua atitude ou ação como pecado (1 Jo 1.9); (3) aceite o perdão de Cristo fundamentado em sua obra na cruz por você; e (4) confie nEle para fazer a mudança necessária em sua vida.

CAPÍTULO 10

Como Lidar com Problemas e Julgamentos

Certos problemas são comuns para nós, e seria útil saber o que diz a Palavra de Deus sobre nossa resposta a eles. Quando você aplica as soluções que Deus determina nas várias situações de sua vida, sua beleza espiritual floresce.

Que princípios aplico quando cometo erros? "O que encobre as suas transgressões nunca prosperará; mas o que as confessa e deixa alcançará misericórdia" (Pv 28.13). Admita seus erros, não tente desculpar a si mesma.

Millie colheu grandes dividendos quando aplicou esse princípio. No meio da atribulada tarde de malabarismos, com os horários e as atividades de filhos, ela, acidentalmente, fechou o carro com as chaves dentro. Uma vez que seu marido, Ralph, que estava ocupado no trabalho, tinha a outra chave, ela ligou para ele perto do fim do dia. Em uma ocasião anterior, ele não fora muito solidário com o erro que cometera e não pareceu muito satisfeito dessa vez em que ela lhe ligou.

Millie falou para o marido: "Desculpe-me pela inconveniência que isso lhe causa depois de um dia duro de trabalho. Esperaremos aqui até que você possa nos buscar".

Quando Ralph chegou, parecia satisfeito com a doce dependência de sua esposa em relação a ele. Em vez de se aborrecer com ela, recompensou-a levando a família para jantar fora.

Não se desaponte se seu marido não responde positivamente aos seus erros com tanta rapidez quanto Ralph. Pode ser que leve um período de tempo para que, com paciência e amor, você ganhe de volta a aprovação dele. Se isso ocorrer, fique confortada com o fato de que Deus a perdoa imediatamente, mesmo que o seu ente amado ainda não tenha aprendido a fazer isso. Sua paz vem de saber que você vive de acordo com a vontade de Deus e de sua Palavra.

O que dizer sobre os erros que seu marido comete? "O que encobre a transgressão busca a amizade, mas o que renova a questão separa os maiores amigos" (Pv 17.9).

Os erros dele não são corrigidos por um comportamento errado de sua parte. "Não digas: Vingar-me-ei do mal; espera pelo Senhor, e ele te livrará" (Pv 20.22).

Como você deve reagir à crítica de seu marido? "Aplica à disciplina o teu coração e os teus ouvidos, às palavras do conhecimento" (Pv 23.12). "O homem que muitas vezes repreendido endurece a cerviz será quebrantado de repente sem que haja cura" (Pv 29.1). Encare a crítica de seu marido como um lembrete de Deus para observar atentamente suas ações e fazer os ajustes adequados. Lembre-se de que Deus o tornou responsável por sua família e talvez o use para corrigir erros em sua casa.

Provérbios 25.12 nos diz o seguinte: "Como pendentes de ouro e gargantilhas de ouro fino, assim é o sábio repreensor para o ouvido ouvinte". Às vezes, você pode receber críticas que não considera válidas. Contudo, se você mantém um espírito doce e gentil ao apoiar-se no poder de Cristo que está em você,

Deus usa até mesmo a crítica inválida para desenvolver suas qualidades espirituais interiores.

Como você deve lidar com a discussão e a briga? Certifique-se de que chega rapidamente a um acordo com seu marido quando ocorre qualquer discórdia entre vocês. "Concilia-te depressa com o teu adversário, enquanto estás no caminho com ele" (Mt 5.25). Não deixe que sentimentos feridos a impeçam de tomar a iniciativa para corrigir situações desagradáveis.

Discussões e brigas são fáceis de lidar antes que fiquem fora de controle. "Como o soltar as águas, é o princípio da contenda; deixa por isso a porfia, antes que sejas envolvido" (Pv 17.14). Quando permitimos que a briga continue, fortes muros levantam-se, e eles são difíceis de ser removidos. "O irmão ofendido é mais difícil de conquistar do que uma cidade forte; e as contendas são como ferrolhos de um palácio" (Pv 18.19).

E sobre comentários desagradáveis que seu marido faz para você ou sobre você? Primeiro, perceba que ele pode, com o que considera um comentário inocente, estar brincando com você sem saber como essa brincadeira a fere. Você deve, para o bem dele, e do seu também, contar-lhe como se sente a respeito do que ele disse. Seu marido não tem a capacidade de ler sua mente, e não é possível que as pessoas se entendam sem comunicação.

Escolha um momento em que seu relacionamento está bem, e seu marido parece demonstrar disposição compreensiva. Certifique-se de que suas palavras e atitudes sejam amorosas e de que elas não violem outros princípios (tentar mudá-lo ou fazê-lo se sentir culpado). "Antes, seguindo a verdade em caridade, cresçamos em tudo naquele que é a cabeça, Cristo" (Ef 4.15).

Lembre-se, agir com amor não significa transformar-se em capacho nem ter uma atitude apática ou passiva. Você pode expressar amor de muitas maneiras. Pode expressá-lo de maneira enérgica e vigorosa, mas nunca com atitude condenatória ou de mártir. Você também deve ser realista. Se você tem uma reação absurda e meiga em excesso em relação às indiscrições de seu marido, coloca-se em um pedestal em que seu ele não pode alcançá-la, e amá-la, e ter um relacionamento normal e real com você.

Isso pode não se adequar a sua personalidade, mas uma mulher que conheço mostrou seus sentimentos para com o marido por meio de palavras e ações exageradas. Quando o marido diz qualquer coisa que não gosta, ela divertidamente mostra a língua ou franze os lábios para ele. Quando a ignora, ela, fingindo autopiedade, diz algo como: "Vou sair para comer lagarta verde até morrer. Depois, você ficará arrependido!". Com essas piadas, ela faz com que o marido saiba como se sente, sem ficar com raiva. O marido sabe que ela tem vivacidade, e isso o deixa fascinado por ela.

Se seu marido não parar com os comentários desagradáveis depois que você mostrar como se sente, você pode aplicar o princípio de Provérbios 10.12: "O ódio excita contendas, mas o amor cobre todas as transgressões". Se confiar em Cristo para lhe dar uma atitude perdoadora, Ele constrói um caráter forte em você.

O que significa você reagir com uma atitude mental pecaminosa (orgulho, ciúmes, amargura, vingança, implacabilidade, complexo de culpa, ódio, preocupação, raiva e temor) na vida dos outros e, em especial, de seu marido? Como sempre, Deus tem a resposta. "Não respondas [com autoconfiança] ao tolo segundo a sua estultícia, para que também te não faças semelhante a ele" (Pv 26.4; inserção da autora). Aqui, tolo se refere ao pecado da atitude mental.

Se seu marido estiver dominado por uma atitude pecaminosa, como a amargura, e se você se envolver emocionalmente com o problema dele, também pode ser dominada pelas emoções carnais que o atribulam. Seu envolvimento deve ser limitado, e não-emocional. Se você for contaminada pela emoção, Deus pode lidar diretamente com o problema de seu marido, condenando-o ou disciplinando-o, conforme for necessário. Nenhuma animosidade que seu marido extravase se interpõe entre ele e Deus. "Não vos vingueis a vós mesmos, amados, mas dai lugar à ira [de Deus], porque está escrito: Minha é a vingança; eu recompensarei [retribuirei], diz o Senhor" (Rm 12.19; inserções da autora).

Se for necessária uma resposta, ela deve ser silenciosa e cheia de amor. "A resposta branda desvia o furor, mas a palavra dura suscita a ira" (Pv 15.1). Essa é a única resposta efetiva e que obtém os resultados almejados. "Pela longanimidade se persuade o príncipe, e a língua branda quebranta os ossos" (Pv 25.15).

Talvez você diga: "Meu marido é tão grosseiro em suas atitudes e atos que não posso respeitá-lo e reverenciá-lo como Efésios 5.33 ordena. O que devo fazer em relação a obedecer a essa ordem?" A vida cristã é de fé (confiando que Cristo é quem e o que afirma ser). (Veja Hb 11.1,6.) Esteja certa de que Deus, por meio de você, quer realizar o que Ele lhe diz para fazer. Se você segue o princípio de reverenciar e responder a seu marido pela fé, suas ações demonstram amor, respeito e reverência mesmo que você não sinta essas emoções. Deus é fiel e deseja, de acordo com sua necessidade, premiar sua obediência aos mandamentos dEle.

Muitas vezes, nós mulheres nos ferimos sem necessidade porque não entendemos nosso cônjuge. Não considere as ações ou atitudes desagradáveis de seu marido como um ataque pessoal contra você. Perceba as pressões comerciais, físicas ou emocionais que podem causar essas reações. Lembre-se, o trabalho de Deus é lidar com ele em relação aos problemas dele; essa não é tarefa sua. Ajude-o sendo solidária, em vez de aumentar o problema dele ao ficar amuada, aborrecida ou seja lá o que for que você faça destrutivamente quando está ferida ou ofendida.

Muitas mulheres dizem: "Meu marido não me admira e não me elogia como faz com as outras pessoas. Como posso conseguir que ele faça isso?" "Comer muito mel não é bom; assim, a investigação da própria glória não é glória" (Pv 25.27). Se você procura ou exige que seu marido a elogie, você causa problemas e fere sentimentos.

Ao concentrar-se em Jesus Cristo, na Palavra e na vontade dEle para sua vida, você consegue louvor e glória. Quando está ocupada com Cristo, Ele a provê com louvor e honra.

> Exalta-a, e ela te exaltará; e, abraçando-a tu, ela te honrará. Não te desamparem a benignidade e a fidelidade [abandonando todo ódio, egoísmo e toda hipocrisia deliberada ou falsidade]; ata-as ao teu pescoço; escreve-as na tábua do teu coração e acharás graça e bom entendimento aos olhos de Deus e dos homens (Pv 4.8; 3.3,4).

Quando a Palavra de Deus enche e controla seu coração, você recebe elogios de seu cônjuge. Espere por isso em vez de exigir.

Como você deve responder ao elogio de seu marido ou de outras pessoas? "O crisol é para a prata, e o forno, para o ouro, e o homem é provado pelos louvores" (Pv 27.21). Você não tem problema de orgulho se está consciente de que é apenas um vaso que Deus usa para fazer a boa obra dEle. A maneira mais graciosa de responder a um cumprimento ou elogio é com um simples: "Obrigada", que reflita um coração agradecido.

Comparar-se com as outras pessoas ou temer que os outros não a aceitem é sempre uma fonte de problemas. Não destrua sua beleza ao pôr os olhos sobre as outras pessoas — permitindo que elas controlem suas atitudes, ações e reações. "Mas esses que se medem a si mesmos e se comparam consigo mesmos estão sem entendimento" (2 Co 10.12). É fácil pensar: "Se eu fosse a Sue, meu marido gostaria mais de mim". Essa idéia de copiar as roupas, os maneirismos ou a personalidade de outra pessoa nunca ajuda. Seu marido a escolheu porque você é a pessoa que ele prefere. Você pode pegar dicas de beleza ou aprender regras de etiqueta com outras pessoas, mas não tente ser uma cópia de outra mulher.

O medo de não ser aceita é descrito em Provérbios 29.25: "O receio do homem armará laços, mas o que confia no Senhor será posto em alto retiro". Esse temor não é de Deus. "Porque Deus não nos deu o espírito de temor, mas de fortaleza, e de amor, e de moderação" (2 Tm 1.7).

Preocupar-se demais com a reação dos outros em relação ao comportamento de seu marido é algo que pode criar problemas entre vocês dois. Você sabe se é preocupada demais, quando se vê corrigindo seu marido, ou tentando esclarecer as ações dele, ou fazendo comentários para dar explicações adicionais, ou se desculpando pelo comportamento dele. Ele entende seu comentário como uma indicação de que você não confia na habilidade dele de lidar com a situação ou de causar boa impressão nos outros. Ele sente que você, ao tentar ser uma "intermediária" no relacionamento dele com os outros, não o aceita como é. E ele está *certo*.

Se seu marido não foi claro o suficiente ou foi mal compreendido, deixe-o lidar sozinho com esse problema. Apenas assim ele ganha autoconfiança e melhora sua habilidade de se comunicar de maneira clara com os outros. Sua responsabilidade é encorajá-lo e confortá-lo, não servir de mãe dele, corrigindo-o ou melhorando-o. Você evita frustração desnecessária e tensão ao perguntar a si mesma: "Estou assumindo responsabilidades que não são minhas, como esposa?" Muitas frustrações e tensões surgem quando você assume responsabilidades que não são suas.

Não importa o que a está deixando inquieta, confusa ou em desarmonia: Deus apresenta um princípio em sua Palavra por meio do qual você obtém harmonia e paz. Pergunte-se: "O problema que está me causando angústia pode ser corrigido ou removido?" Isso é como quando você passa óleo em uma porta que está rangendo, e, assim, consegue arrumar uma casa em desordem. Corrija o problema se for possível. Caso contrário, confie em Deus para usar isso para moldá-la à imagem dEle. Ele promete: "Sendo os caminhos do homem agradáveis ao Senhor, até a seus inimigos faz que tenham paz com ele" (Pv 16.7).

Se você aprender a transpor pequenas irritações, permitirá que Cristo as use para torná-la uma pessoa mais amorosa até que sua beleza interior fique evidente. Certo dia, June estava numa correria danada e derrubou leite no banco de trás do carro. Em vez de ficar em pânico ou irritada, ela perguntou a Deus o que

Ele queria lhe ensinar por meio dessa irritação. Imediatamente, ele lembrou-a de que precisava ir mais devagar. Quando ela partilhou esse pensamento com seu marido, ele disse: "Você está bonita interna e externamente!"

ACEITE A TOTAL PROVISÃO DE DEUS POR MEIO DA FÉ

Fé é outra palavra para a crença no que Deus diz em sua Palavra, mesmo quando não temos prova visível. A vida cristã é uma vida de fé (2 Co 5.7). Você dá muitos passos por fé: você recebe a Cristo pela fé; é perdoada de seus pecados pela fé; e é controlada pelo Espírito Santo pela fé. Contudo, os resultados não são fundamentados na quantidade de fé que você tem, mas no objeto de sua fé — Jesus Cristo.

Deus quer que você usufrua, por meio da fé, a completa provisão que Ele faz para suas necessidades diárias. E é maravilhoso saber que você, no momento em que recebe a Cristo, recebe, potencialmente, tudo que Ele pode lhe dar para satisfazer essas necessidades: "Bendito o Deus e Pai de nosso Senhor Jesus Cristo, o qual nos abençoou com todas as bênçãos espirituais nos lugares celestiais em Cristo" (Ef 1.3).

Você não tem de procurar alguma nova experiência de êxtase. Tudo que tem de fazer é descobrir o que já é seu em Cristo por meio da Palavra e aplicá-la por meio da fé (veja Cl 2.3).

Qualquer decisão que tomar *sempre* tem de ser fundamentada nos fatos sólidos e imutáveis da Palavra de Deus, em vez de em seu sentimento. Humores e emoções vêm e vão, mas a Palavra de Deus nunca muda. Às vezes, seus sentimentos a motivam e encorajam, mas outras vezes eles a põem para baixo. Por isso, seus sentimentos nunca devem ser a base para suas ações. Suas decisões devem ser tomadas fundamentadas nos fatos sobre Deus e no que Ele fez por você. Uma vida de fé em Cristo nem sempre é fácil, mas é a única vida que oferece beleza incorruptível.

Deus ensinou a Moisés que, por meio da fé, ele poderia obedecer a qualquer coisa que o Senhor lhe dissesse (veja Êx 4.2-4). Deus perguntou a Moisés:

— Que é isso na tua mão?

— Uma vara — respondeu Moisés.

O Senhor disse-lhe:

— Lança-a na terra.

A vara era familiar a Moisés e útil para ele como pastor. Não havia razão para jogá-la fora diante de Deus a não ser graças a sua obediência ao Senhor. Moisés confiou nEle e obedeceu a sua ordem apenas fundamentado em sua palavra, não porque o pedido parecia sensato. Imediatamente após obedecer e jogar a vara, ela se transformou em uma serpente, e Moisés fugiu dela.

Depois, o Senhor disse a Moisés: "Estende a mão e pega-lhe pela cauda".

Moisés poderia ter respondido: "Mas e a cabeça, Senhor? Estou com medo!" Em vez disso, Moisés, mais uma vez, confiou em Deus e, quando pegou a serpente, ela se transformou em vara em suas mãos. Quando cumprimos nossa responsabilidade de obedecer ao Senhor e confiar nEle, podemos confiar que Ele resolve cada detalhe de qualquer situação que enfrentemos para nosso benefício. A vara de Moisés retornou para ele, mas a serpente (que representa qualquer elemento prejudicial) foi removida.

Você hesita em entregar alguma faceta de sua vida ao Senhor? Está desejosa de confiar totalmente no Senhor em relação a seu marido, filhos, carreira e posses? Você também pode aceitar e sentir a completa provisão de Deus ao entregar, pela fé, cada área de sua vida a Cristo, sabendo que se Ele retorna isso para você, estará purificada e segura para desfrutar da alegria que Ele quer lhe dar. Quando você lhe entrega áreas de sua vida, não perde nada, e ganha realização e satisfação. Você *pode* confiar nEle!

Outra maneira de você aceitar a completa provisão de Deus para você, pela fé, é agradecer ao Senhor por *tudo* em sua vida. "Em tudo dai graças [a Deus], porque esta é a vontade de Deus [que é] em Cristo Jesus [o Revelador e Mediador daquela vontade] para convosco" (1 Ts 5.18; inserções da autora). Agradecer a Deus por tudo é uma demonstração de que você acredita na Palavra de Deus. O Senhor diz que, embora nem tudo em nossa vida seja bom, ele resolve as coisas para nosso benefício quando confiamos nEle (veja Rm 8.28).

Esse conceito é novo para você? Aprendi que devia agradecer por todas as coisas, mas não apliquei esse princípio em minha vida. Eu tinha o hábito de agradecer a Deus por aquelas coisas em minha vida que eu sabia serem boas e as quais compreendia, mas nunca agradecia a Ele pelas situações desagradáveis. Por fim, decidi agradecer em todas as situações.

Certa manhã, minha decisão foi severamente testada. Uma forte tempestade de neve cobrira a área de Atlanta, quando DeWitt saiu para trabalhar. Mais tarde, durante a manhã, ligaram de seu escritório para saber se ele iria trabalhar. Disse-lhes que ele saíra há cerca de duas horas. O senhor respondeu: "Já que ele leva cerca de trinta minutos para chegar ao trabalho, acho que sofreu um acidente na via expressa com gelo".

Nesse ponto, eu podia escolher entre confiar em Deus e agradecer a Ele, ou deixar o medo histérico tomar conta de mim.

Sabendo que Deus amava DeWitt mais do que eu, que Ele é soberano e que prometeu não deixar nada acontecer a seus filhos sem que isso fosse para o benefício deles, eu disse: "Obrigada, Senhor, por qualquer situação em que DeWitt esteja".

Deus honrou minha obediência a sua Palavra ao dar-me paz. "Deixo-vos a paz, a minha paz vos dou; não vo-la dou como o mundo a dá. Não se turbe o vosso coração, nem se atemorize" (Jo 14.27). A paz que Deus me deu não dependia da circunstância em que DeWitt se encontrava. Quando isso acabou, DeWitt estava atrasado por causa de outros acidentes, não por ter se acidentado.

Aplique esse princípio de agradecer em todas as situações, em especial os pequenos incidentes de sua vida diária, como derrubar um ovo em seu chão recém-encerado, um telefonema inconveniente ou um marido incompreensivo. Quando você aprende a ser agradecida nos pequenos problemas de sua vida, é natural ficar agradecida pelas grandes provações e crises. É claro, você se regozija apenas quando concentra-se na soberania de Jesus Cristo e na habilidade dEle de resolver tudo para o seu bem. Graças à suficiência dEle, você vive acima de suas circunstâncias, em vez de viver sob o domínio delas, e a vida alcança uma dimensão nova e maravilhosa. Você, com um coração agradecido, sente alegria real e percebe que Deus não permite que nada aconteça em sua vida que Ele não possa resolver para seu benefício.

Veja, a alegria, conforme já mencionamos, não depende das circunstâncias, mas de seu relacionamento e comunhão com Deus. Se você escolhe reagir às circunstâncias e às pessoas a sua volta, você fica feliz quando suas circunstâncias e as outras pessoas são prazerosas, mas fica triste quando elas são desfavoráveis. Em outras palavras, reagir de acordo com as condições que a rodeiam produz uma existência instável.

Quando você reflete Jesus Cristo, pode ter paz e estabilidade independentemente de conseguir ou não o vestido que quer ou de viver com um marido aborrecido. Aceite a vitória que Cristo lhe promete em João 16.33: "Tenho-vos dito isso, para que em mim tenhais paz; no mundo tereis aflições, mas tende bom ânimo; eu venci o mundo [para você]" (inserção da autora).

Entretanto, perceba que, por controlar sua vida, Cristo não assume as responsabilidades que determinou para você. Por exemplo, Ele não faz coisas como tomar decisões em seu lugar ou abrir sua boca para que você testemunhe. Mas Ele é o seu poder, uma vez que você tome a decisão e, em fé, aja em relação a isso. Logo que entendi que Cristo queria viver em mim e por meio de mim (veja Gl 2.20), compartilhei, com empolgação, o desejo dEle para meu filho de três anos: "Ken, não é uma boa notícia o fato de que podemos confiar em Cristo para que Ele viva por intermédio de nós, em vez de fazermos isso por nós mesmos?" Ele respondeu: "É sim. Isso é bom".

Mais tarde, quando lhe pedi para pegar seus brinquedos, ele retrucou: "Deixe Jesus fazer isso. Eu não tenho de fazer isso". Lembrei-o de que Jesus podia viver sua vida por meio dele ao usar seus braços e pernas para pegar os brinquedos. Ken, surpreso, perguntou-me: "Ah, é assim que isso funciona?"

Cristo não toma as decisões por você, mas espera que você as tome fundamentada em sua Palavra. Assim, Ele é seu poder para realizá-las.

CAPÍTULO 11

Complete o Quadro

A beleza interior real e duradoura é criada por Jesus Cristo, o artista divino que trabalha em você. Seu eu interior (a tela viva) se torna radiantemente bonito graças à habilidade dEle. Seu corpo (a moldura da tela) complementa ou realça a pintura. Tanto a tela quanto a moldura devem ser atrativas se as pessoas gostam de pintura. Uma moldura inapropriada ou sem atrativos pode prejudicar uma boa pintura. A escolha sábia da moldura acrescenta um toque extra, que pode até mesmo fazer com que uma pintura comum pareça bonita.

Saber que tanto seu corpo, ou moldura da tela, quanto seu eu interior, ou a tela, são preciosos para Deus é algo que pode encorajá-la. "E o mesmo Deus de paz vos santifique em tudo; e todo o vosso *espírito*, e *alma*, e *corpo* sejam plenamente conservados irrepreensíveis para a vinda de nosso Senhor Jesus Cristo" (1 Ts 5.23; grifos da autora). Se Deus considera seu corpo importante, você também deve considerá-lo.

Tente tornar seu corpo uma parte tão atrativa de toda a tela quanto possível. As pessoas formam idéias sobre a "verdadeira você" por meio das pistas externas que você fornece. Elas a aceitam com base em sua auto-avaliação — com freqüência, expressa em sua aparência.

Como tudo o que você faz e é, até mesmo a maneira como você se apresenta, reflete em seu Salvador tanto quanto em você, sem dúvida é importante que você esteja bem cuidada. "Portanto, [...] fazei tudo para a glória de Deus" (1 Co 10.31).

Sua aparência deve refletir auto-respeito e auto-estima. Quando você não está bem arrumada é como se dissesse: "Não me considero digna de cuidado. Não acho que sou valiosa o suficiente para gastar tempo com isso". Assim, quando você se lembra de que Deus considera seu corpo importante, que sua aparência reflete seu Salvador e que você é uma filha de Deus, comprada com o sangue de Jesus Cristo, não pode deixar de exultar e perceber que você é uma pessoa de valor. Na verdade, você é um templo:

> Ou não sabeis que o nosso corpo é o templo do Espírito Santo, que habita em vós, proveniente de Deus, e que não sois de vós mesmos? Porque fostes comprados por bom preço; glorificai, pois, a Deus no vosso corpo e no vosso espírito, os quais pertencem a Deus (1 Co 6.19,20).

Seu corpo é um palácio em que a realeza vive! Decerto, você quer que ele esteja glorioso e bonito, brilhante e polido para honrar o Rei dos reis. O salmista expressou o desejo "para que as nossas filhas sejam como pedras de esquina lavradas, como colunas de um palácio" (Sl 144.12).

Há pessoas que dizem que a aparência é uma coisa mundana e que você não é espiritual quando é bem cuidada. Essas pessoas, com freqüência, pegam o versículo de 1 Pedro 3.3 como fundamento para dizer que você não deve cuidar dos cabelos, usar jóias ou se vestir de maneira atraente. "O enfeite delas não seja o exterior, no frisado dos cabelos, no uso de jóias de ouro, na compostura de vestes". Essas pessoas sempre param seu raciocínio antes de terminar o versículo ou teriam de concluir que não devemos usar roupa!

O ser humano (ANP — Antiga Natureza Pecaminosa) sempre tenta *fazer* alguma coisa para se tornar espiritual, ao passo que sua espiritualidade é determinada pelo fato de Cristo controlar ou não sua vida. Uma aparência desleixada ou "extravagante" limita sua efetividade para Cristo, mas uma aparência agradável e socialmente aceitável faz com que você dê um testemunho mais amplo para Cristo. A boa aparência é mostrar seu melhor para Ele, não chamar atenção para si mesma. Além de tudo, sua aparência deve ser a melhor possível, desde que seja compatível com seu orçamento e esteja de acordo com sua posição e papel.

Seu *papel como esposa* envolve desenvolver um relacionamento com seu marido que traga alegria para ambos. Uma *carreira* envolve gastar tempo atualizando suas habilidades para, assim, ter sucesso em sua área. Da mesma maneira, sua *identidade como mulher* requer que você gaste tempo para se fazer atraente e conservar isso. É claro que você não pode gastar todo o seu tempo, seus pensamentos e seu dinheiro com sua aparência, mas precisa reservar algum tempo para ficar tão graciosa quanto possível: "Açúcar e especiarias e tudo de bom", como o antigo verso.

AÇÚCAR E ESPECIARIAS POR MEIO DA BOA APARÊNCIA

1. Asseio

Uma das maneiras mais importantes de ser graciosa é ter certeza de que seu corpo está tão limpo quanto possível. Diz-se que "a limpeza está próxima da santidade". A reverência por Deus deve produzir a reverência por seu corpo. O banho diário a ajuda a permanecer limpa e cheirosa durante todo o dia e a se sentir graciosa e feminina. É claro que seu frescor dura apenas se você usa um bom desodorante para controlar odores desagradáveis do corpo.

Escolha sua fragrância favorita, o delicioso toque final de sua rotina diária de banho. Quando Rute se preparava para conquistar seu futuro marido, Noemi lhe disse: "Lava-te, pois, e unge-te, e veste as tuas vestes, e desce à eira" (Rt 3.3).

2. *Dieta*

Você está consciente de que o que está em seu interior aparece em seu exterior? É importante providenciar um corpo saudável para Jesus Cristo viver. E isso requer autodisciplina. Se você quer manter um peso saudável, deve ter uma nutrição adequada, refeições bem balanceadas, tanto para si mesma como para sua família. Se você ganhou alguns quilos extras, é importante perdê-los para sua saúde, para sua auto-imagem e por causa de seu marido. Contudo, consulte um médico antes de tentar alguma dieta severa para redução de peso.

Você pode adotar precauções sensatas contra o consumo de calorias extras ao cortar os lanches entre as refeições, massas pesadas e sobremesas muito calóricas. Você não tem de parar de comer. Apenas treine seu paladar para desenvolver o gosto por comidas não gordurosas e nutricionais. Falando de modo genérico, quando você come porções moderadas de comida nutricional, seu peso não oscila muito. Descubra quantas calorias você pode ingerir para manter seu peso correto e coma de acordo com isso.

3. *Exercícios*

Se você não fizer exercício suficiente, sente-se lenta, ganha peso e/ou fica flácida. Assegure-se de fazer exercícios todos os dias, se possível, ao ar livre. Se você precisa fazer alguma ginástica, gostará mais se a fizer com um programa de exercícios. Qualquer que seja a maneira que você os faça, verá como eles movimentam seu sangue, a deixam flexível e lhe dão uma aparência mais firme, boa disposição e mais entusiasmo para a vida.

4. *Descanso*

A esposa, bem como a mãe ativa, também precisa de tempo para descansar e relaxar. Se você tem filhos pequenos, só pode descansar enquanto eles tiram um cochilo. Independentemente de quando você faça isso, reserve um tempo para relaxar e não se sinta culpada por isso. Jesus disse a seus discípulos: "Vinde vós, aqui à parte, [...], e repousai um pouco" (Mc 6.31). Se o Filho de Deus viu a necessidade de relaxar, você também deve fazê-lo. Isso a ajuda a estar animada e alerta à noite, quando seu marido e filhos mais velhos estão em casa. O dia deles pode estar acabando, mas o seu pode durar até tarde da noite.

5. *Cabelo*

Uma face atraente deve ser emoldurada por um halo de beleza — seu cabelo. O cabelo de uma mulher é o símbolo de sua feminilidade. Uma das maneiras de sua feminilidade contrastar com a masculinidade de seu marido é por meio do cuidado, estilo e comprimento de seu cabelo. "Ou não vos ensina [a experiência, o senso comum, o raciocínio e] a mesma natureza que é desonra [humilhação e degradação] para o varão ter cabelo crescido? Mas ter a mulher cabelo crescido lhe é honroso, porque o cabelo lhe foi dado em lugar de véu" (1 Co 11.14,15). Cabelos desgrenhados, despenteados e sem atrativos não glorificam a Deus nem acrescentam nada a sua feminilidade. O estilo do seu cabelo realça o contorno de sua face. Avalie as tendências de estilos, mas não escolha um estilo apenas porque está na moda. Com a ajuda de profissionais, escolha o estilo de cabelo que fique melhor para você.

6. Mãos

Nada mostra mais o seu eu interior que suas mãos. Mãos secas e maltratadas sugerem que você está ficando velha. Mãos vermelhas e rachadas provam que você lava os pratos e o chão, mas não se importa com os efeitos posteriores. Unhas e cutículas dentadas revelam que você é uma tensa roedora de unhas. Unhas sujas mostram que você não é totalmente asseada.

Negligenciar as mãos e as unhas definitivamente estraga todo o efeito de açúcar e especiarias que você quer transmitir. Portanto, conserve suas mãos limpas e macias e suas unhas cortadas e limpas. Isso não lhe toma muito tempo se você mantiver, sempre à mão, um creme, uma lixa de unhas e um par de luvas de borracha (para usar durante a limpeza doméstica).

Depois, assegure-se de não estragar o resultado das mãos graciosas por meio de ações agitadas, nervosas e impacientes. As práticas nervosas como enrolar seu lenço ou anel, como movimentar, friccionar ou alisar seu queixo, como roer as unhas ou estalar os nós dos dedos arruínam seu charme. Treine cruzar as mãos em uma posição graciosa e relaxada enquanto estiver sentada, de pé ou falando.

7. Roupas

A escolha cuidadosa de roupas dá o toque final a sua aparência feminina. As roupas podem dar a impressão de aparência elegante. Você pode acentuar seus pontos positivos e camuflar os negativos por meio do uso de modelos, cores, tecidos e padrões, a fim de parecer mais alta, mais baixa, mais "cheinha" ou mais magra. Você pode obter orientação específica de como complementar sua aparência pessoal com estilistas nas grandes lojas de departamento, desfiles de modas ou artigos de revistas e livros.

A esposa sábia, conforme descrito em Provérbios 31, veste-se bem: "Faz para si tapeçaria; de linho fino e de púrpura é a sua veste" (v. 22). É melhor escolher umas poucas vestimentas bem feitas e elegantes do que muitas peças de roupa de má qualidade. E lembre-se: Uma pechincha não é uma pechincha a menos que você precise do objeto a ser comprado. Você pode tornar seu guarda-roupa maior se apenas comprar algumas peças de roupa básicas que pode variar com o uso de lenços, cintos, bijuterias, coletes, misturando e combinando as peças.

E você pode, de forma bem econômica, aumentar seu guarda-roupa fazendo suas roupas. "Busca lã e linho e trabalha de boa vontade com as suas mãos" (v.13). Se você não sabe costurar, pode obter instruções em um curso de corte e costura. Você pode ter idéias do que costurar ao pesquisar nas mais elegantes lojas de vestuário e prestar atenção no acabamento, material, cor, combinações e estilos da moda. E até mesmo olhar, do começo ao fim, os catálogos de grandes lojas de departamento pode ajudá-la a tornar sua costura profissional e de acordo com a moda. O Senhor lhe diz para pedir que Ele a torne sábia. Ele a ajuda a mostrar sua personalidade por meio de sua vestimenta.

Sua roupa, assim como seu cabelo, refletem sua feminilidade em contraste com a masculinidade de seu marido. Deus dá ordens exatas para que a mulher não use roupas masculinas e vice-versa. "Não haverá trajo de homem na mulher, e não vestirá o homem veste de mulher; porque qualquer que faz isto abominação é ao Senhor, teu Deus" (Dt 22.5).

Obviamente, você quer escolher estilos que favoreçam sua aparência e uma cor que realce seu tom de pele. Mas tenha certeza de que seu marido aprova seu vestuário. Você agrada a Deus quando se veste de maneira que agrade ao seu marido.

8. Postura

Não importa o quanto você se veste bem e graciosamente se estraga o efeito geral por andar com ombros caídos, ou encurvada, ou com afetação. Pratique ficar de pé, andar e sentar graciosamente. Fique de pé, ereta, com o busto para cima. Mantenha seus pés juntos quando se senta, e paralelos quando anda, e os joelhos juntos tanto para andar quanto para sentar.

Esses tópicos sobre cabelo, mãos, aparência, roupas e postura podem parecer uma trabalhosa perda de tempo, mas quando passam a fazer parte de seus cuidados e rotina, você não os achará um fardo. Aumentar seu charme feminino vale todo o tempo e esforço que lhe for necessário.

TUDO DE BOM POR MEIO DA TRANQÜILIDADE DOMÉSTICA

Sua aparência de açúcar e especiarias deve combinar com "tudo de bom" ao seu redor. Em outras palavras, você quer um cenário familiar tranqüilo e ordenado. Isso significa planejamento, organização e autodisciplina de sua parte. Se achar que não consegue lidar com uma família e casa de maneira organizada, peça a ajuda de Deus. Uma vez que você é filha dEle, pode ir diretamente a Ele em nome de Jesus. "Cheguemos, pois, com confiança ao trono da graça, para que possamos alcançar misericórdia e achar graça, a fim de sermos ajudados em tempo oportuno" (Hb 4.16).

Deus é ordeiro e quer que você tenha uma vida pacífica. "Porque Deus não é Deus de confusão, senão de paz. [...] Mas faça-se tudo decentemente e com ordem" (1 Co 14.33,40).

Jesus Cristo promete nos ajudar a usar nosso tempo sabiamente quando confiamos nEle. "O temor do Senhor aumenta os dias, mas os anos dos ímpios serão abreviados. [...] Porque, por mim, se multiplicam os teus dias, e anos de vida se te acrescentarão" (Pv 10.27; 9.11).

Quando não somos organizadas e determinadas em nossa vida, Cristo é desonrado. "Portanto, vede prudentemente como andais, não como néscios, mas como sábios, remindo o tempo, porquanto os dias são maus. Pelo que não sejais insensatos, mas entendei qual seja a vontade do Senhor" (Ef 5.15-17).

Elabore um plano por meio do qual você possa cumprir suas responsabilidades. Depois, busque a Deus para ajudá-la. "O coração do homem considera o seu caminho, mas o Senhor lhe dirige os passos" (Pv 16.9). Tenha em mente suas prioridades: (1) relacionamento pessoal com Jesus Cristo, (2) marido, (3) filhos, (4) aparência pessoal e descanso, (5) responsabilidades familiares e (6) ministério externo. Antes de você agendar suas atividades diárias, o esboço a seguir pode ajudá-la a manter suas prioridades em ordem:

1. Tempo com o Senhor (para estudar sua Palavra e orar)

2. Tempo para fazer as refeições e os demais serviços domésticos
3. Tempo para lavar roupa, passar roupa e arrumar-se
4. Tempo com a família
5. Tempo para descansar e relaxar
6. Tempo para passatempos, interesses e atividades pessoais

Comece por fazer uma lista dos trabalhos que tem para fazer. Depois, desenvolva uma agenda razoável para conseguir realizar os trabalhos. Pode ser que você tenha de eliminar algum tempo diante da televisão, ou compras desnecessárias ou longas conversas telefônicas. Você tem de aprender a dizer não a algumas atividades boas que não são essenciais. Mas se você sabe quais são suas prioridades, não sacrifica o melhor por algo que é apenas bom. Você deve dar a seu marido o melhor de você, e isso é sua atenção, aparência ou prover tranqüilidade familiar.

Aprenda a fazer bom uso de seu tempo, levando um livro ou algum trabalho com você quando tem de esperar no carro, ou no consultório médico, ou quando assiste televisão com a família. Poupe tempo ao pôr itens que vão para o porão perto da porta do porão. Vá ao porão uma vez só, no fim do dia, em vez de ir diversas vezes durante o dia, a menos que você precise do exercício. Faça bom uso de seu tempo providenciando um longo fio para o telefone da cozinha, assim você pode cozinhar, limpar a cozinha, costurar ou passar roupa enquanto conversa com amigas ou faz ligações necessárias. Você pode fazer algum trabalho manual enquanto escuta o estudo bíblico gravado em CDs, o que a ajuda a crescer espiritualmente.

Reserve o tempo necessário para ensinar seus filhos a cuidar do quarto, das roupas, dos brinquedos e da aparência pessoal. No início pode ser mais fácil você mesma fazer o trabalho deles, contudo, uma vez que seus filhos sejam adequadamente treinados, a ajuda deles economiza seu tempo. Além disso, parte de seu trabalho é treinar seus filhos para terem confiança em si mesmos. Você não deve fazer coisas que eles podem fazer sozinhos.

Planeje à frente e sua vida não será regida pelo inesperado. De novo, a mulher sábia de Provérbios 31 é um bom exemplo: "Não temerá, por causa da neve, porque toda a sua casa anda forrada de roupa dobrada" (v. 21). A vida dela não era regulada pelo desastre (neve). No domingo pela manhã você não a encontra apressada às voltas com o passar as calças de seu filho. Ela antevê as necessidades dele e planeja à frente.

Sim, você deve planejar e ser organizada, mas não inflexível. "Do homem são as preparações do coração, mas do Senhor, a resposta da boca. [...] Confia ao Senhor as tuas obras, e teus pensamentos serão estabelecidos" (Pv 16.1,3).

Entre suas muitas responsabilidades, está a de comprar os alimentos e preparar as refeições que agradam seu marido. "É como o navio mercante: de longe traz o seu pão. Ainda de noite, se levanta e dá mantimento à sua casa e a tarefa às suas servas" (Pv 31.14,15). Descobrir novas e diferentes maneiras de fazer o alimento pode ser divertido. "A variedade é o tempero do cozinhar". Evite preparar a mesma coisa toda semana e procure acrescentar ao cardápio pratos que as amigas recomendaram ou que parecem gostosos em seu livro de culinária. Se o gosto de seu marido é limitado, tente preparar as comidas que ele gosta da maneira mais saborosa possível. Contudo, ocasionalmente, sirva algum novo prato por causa de seus filhos.

Quando preparar o prato favorito da família, faça a receita dobrada e congele a metade da quantidade para companhias inesperadas ou uma rápida refeição familiar.

Deus lhe deu o ministério estimulante, realizador e gratificante de ser esposa e mãe. Você tem oportunidades inesgotáveis de apoiar e complementar o ministério de seu marido, e também de treinar seus filhos. A vida deles, em troca, afeta centenas de outras vidas. Nenhuma outra pessoa pode ter a influência que você tem em sua família como esposa e mãe.

Seu papel inclui um vasto conjunto de habilidades. Como Deus a capacita para desenvolvê-las, descobrirá que, em sua própria casa, você é professora, enfermeira, decoradora de interiores, administradora, nutricionista, costureira, compradora, conselheira, fotógrafa. Que maior desafio uma mulher poderia querer?

Seu ministério em casa pode ser uma aventura estimulante e criativa. E, mais importante, se Cristo controla sua vida, você o serve quando cuida de sua família. Você serve a Cristo tanto quanto o evangelista que atende centenas de salvos a cada dia. O plano de Deus para você como mulher a satisfaz plenamente se você permite que Ele dirija cada área de sua vida.

TUDO DE BOM POR MEIO DA ESTABILIDADE EMOCIONAL

"Tudo de bom" inclui sua estabilidade emocional. Uma maneira de manter o equilíbrio é desenvolver o senso de humor. Não se leve a sério demais. "O coração alegre serve de bom remédio. [...] O de coração alegre tem um banquete contínuo [independente das circunstâncias]" (Pv 17.22; 15.15; inserção da autora). Você é para a atmosfera de sua família o que o termostato é para a temperatura de sua casa. Se você é tranqüila em relação à vida, sua casa tem uma atmosfera de tranqüilidade. Se você ri com seus filhos e marido (em especial das piadas dele) e ri de si mesma, sua casa é um lugar mais alegre para sua família.

Evite chorar para chamar atenção ou para conseguir o que quer. Seu marido pode ceder, embora se sinta frustrado por não saber outra maneira de lidar essa situação, mas você prejudica seu relacionamento conjugal. Chorar para conseguir seu espaço é como exigir amor, mas encontrar apenas compaixão; você consegue resultados, mas não o que você realmente quer.

Há momentos em que as tarefas domésticas, os erros na administração da casa, os problemas na rotina de cuidados com os filhos e as decisões em relação às refeições podem desencorajá-la. Não incomode seu marido com esses problemas rotineiros. Em vez disso, procure Jesus Cristo para fortalecer e guiar você. "E, tudo quanto fizerdes, fazei-o de todo o coração, como ao Senhor e não aos homens, sabendo que recebereis do Senhor o galardão da herança, porque a Cristo, o Senhor, servis" (Cl 3.23,24). Essas palavras, dirigidas aos servos, se aplica a todos que têm tarefas a cumprir.

Uma das qualidades de uma pessoa estável emocionalmente é a atitude de agradecimento. Desenvolve-se essa atitude por meio do controle de Cristo sobre sua vida como também pelo estudo regular da Palavra de Deus. "E a paz de Deus, para a qual também fostes chamados em um corpo, domine em vossos corações; e sede agradecidos" (Cl 3.15). Você pode ser agradecida por cada pessoa em sua vida se entende que Cristo promete resolver todas as coisas (ou usar qualquer pessoa) para seu benefício quando confia nEle. Se você tem um espírito agradecido, seu marido se deleita em sua companhia e é mais provável que se torne o marido que você precisa.

Deixe a gratidão ser sua resposta quando seu marido lhe dá um presente. Lembre-se que seu marido e a consideração dele são mais importantes do que os objetos que ele lhe dá. Portanto, aceite qualquer coisa que ele lhe dê com alegria e sincera gratidão.

Nunca rejeite um presente que ele compra para você. Se ele comprar um vestido tamanho 50, quando você veste tamanho 44, permita que a acompanhe para trocar por algo que ele goste. Se você não suporta o perfume que seu marido lhe deu, use um pouco mais que o necessário quando ele estiver por perto, e pode ser que ele sugira que não o use mais. Deixe que isso seja decisão dele, não sua.

Se ele não lhe dá presentes? Verifique suas ações passadas para ver se violou algum dos princípios que estabelecemos. Se não, pode apenas ser o caso de que se casou com um homem que não gosta de fazer compras (a propósito, poucos homens gostam). Aceite-o como ele é!

Você promove uma atmosfera "tudo de bom" quando sabe como pedir a seu marido o que precisa ou quer. Não dê a entender. Em geral, os homens ficam tão preocupados com suas atividades que não prestam atenção a dicas sutis. Assim, as esposas se sentem feridas e pensam que seu cônjuge não gosta dela. Evite tentar convencê-lo de sua necessidade a fim de conseguir que as coisas sejam da sua maneira. Ele pode se sentir enganado e revoltado. Exigir sua forma de fazer as coisas também não funciona porque, ao exigir isso, você usurpa a autoridade dele, que por sua vez se sente ofendido por seus atos. Em vez disso, peça as coisas com um simples: "Por favor, será que posso...?", ou: "Por favor, você faria isso?" Quando usa esse método direto, você o encontra com mais vontade de aceitar seu pedido. É óbvio que você tem de ser cuidadosa para não pedir coisas que ele não pode dar.

Tente não ficar abalada se, quando você começar a aplicar os princípios de Deus ao seu casamento, seu marido tiver uma reação conhecida como "Caixa de Pandora". Ele pode, ao longo dos anos, ter reprimido sentimentos odiosos em relação a você, temendo que se ele manifestasse seus verdadeiros sentimentos o casamento de vocês acabaria. Agora que ele sabe que você o aceita como é, todos esses sentimentos reprimidos podem, de repente, vir à tona. Se isso acontecer, peça para Jesus Cristo mitigar qualquer sentimento danoso que você possa ter. Não discuta com seu marido, mas encoraje-o a partilhar seus sentimentos com você. Quando ele tiver terminado de extravasar sua hostilidade, fica livre da amargura em relação a você (assim se espera) e pronto para começar a amá-la e a apreciá-la.

TUDO DE BOM POR MEIO DE SUA INDIVIDUALIDADE

Muitas mulheres têm medo de perder sua individualidade quando se sujeitam a seus maridos. A mulher sábia de Provérbios 31.10-31 é definitivamente um ser individual, embora procure agradar seu marido: "Ela lhe faz bem e não mal, todos os dias da sua vida" (v. 12). Paradoxalmente, apenas quando você se submete a Deus — em todas as áreas —conhece a total liberdade e poder: "Se, pois, o Filho vos libertar, verdadeiramente, sereis livres" (Jo 8.36). (Veja também Jo 14.21,23; Gl 3.28; 5.1.)

Depois de cuidar de suas responsabilidades como esposa e mãe, você pode encontrar maneiras de expressar sua individualidade: imaginando novos menus ou receitas, decorando sua casa, cultivando uma horta, planejando uma festa surpresa para alguém da família, inventando alguma nova atividade para manter seus filhos adolescentes ocupados ou uma nova maneira de resolver as disputas deles, acompanhando o mercado da bolsa de valores, escrevendo cartas ou histórias, pintando quadros. Qualquer que seja seu interesse, desenvolva-os e se deleite com eles e até os torne uma realidade em sua casa. Como seu marido sabe que é o primeiro em sua vida, ele fica contente por você expressar sua individualidade em seu lar e, até mesmo, que tenha interesses e passatempos externos —, contanto que eles não ocupem muito de seu tempo e atenção.

Na verdade, seu marido se sente confortado e fascinado pelo fato de você ser uma pessoa com direitos próprios. "A força e a glória são as suas vestes, e ri-se do dia futuro" (Pv 31.25). Seu marido, ao saber que você tem muitos interesses para mantê-la ocupada na ausência dele, fica relaxado se os negócios o prendem até mais tarde. Ele pode gostar de sua dependência, mas não o jugo de seu desamparo.

Quando você trabalha para tornar a si própria e a sua casa atraentes, seu marido é capaz de dizer: "Muitas filhas agiram virtuosamente, mas tu a todas és superior" (Pv 31.29).

CAPÍTULO 12

Realização Física

Deus providenciou uma maneira de você e seu marido poderem sentir e expressar o profundo e íntimo relacionamento que Ele deseja que vocês tenham. Essa maneira é por meio de sua união sexual. Os planos de Deus são tão perfeitos que não há área em que Ele não faça total provisão para suas necessidades, quer espiritual, quer psicológica, quer sociológica, quer física. Ele está interessado em sua completa realização pessoal.

SEXO — IDÉIA DE DEUS

Vemos que o sexo é criação de Deus porque fazia parte de seu plano ao criar o homem e a mulher.

> E disse o Senhor Deus: Não é bom que o homem esteja só; far-lhe-ei uma adjutora que esteja como diante dele. [...] E criou Deus o homem à sua imagem; à imagem de Deus o criou; macho e fêmea os criou. E Deus os abençoou e Deus lhes disse: Frutificai, e multiplicai-vos, e enchei a terra, e sujeitai-a; e dominai sobre os peixes do mar, e sobre as aves dos céus, e sobre todo o animal que se move sobre a terra (Gn 2.18; 1.27,28).

Depois que Deus fez Eva da costela de Adão, entregou-a a Adão e disse: "Portanto, deixará o varão o seu pai e a sua mãe e *apegar-se-á à sua mulher, e serão ambos uma carne*" (Gn 2.24; grifo da autora). Desse modo, Deus instituiu o relacionamento matrimonial. O casamento de Adão e Eva estabelece o padrão para a humanidade; assim, a raça humana pode ser perpetuada em máxima liberdade, proteção e felicidade.

Deus designou a união sexual de marido e esposa para ser a expressão do amor de um pelo outro. Essa união é descrita pelo verbo "apegar-se" que significa "estar unido" — o relacionamento sexual. Deus pretende que esse relacionamento seja uma parte satisfatória e agradável da vida do marido e da esposa. Cantares de Salomão, como também muitas outras passagens das Escrituras, descreve em linguagem vívida o deleite físico desfrutado na união de corpos dos amantes casados (Ct 6.1-10; 7.1-9).

Uma vez que as Escrituras ensinam que, para as pessoas casadas, uma vida cristã efetiva e um bom ajustamento sexual andam juntos, você deve lutar para alcançar o último tanto quanto o primeiro, lembrando-se que "venerado seja entre todos o matrimônio e o leito sem mácula" (Hb 13.4).

A união física entre você e seu marido deve ser boa e satisfatória porque é uma expressão de sua unidade interna. Ser um na alma significa que sua mente está cheia de pensamentos a respeito de seu marido, você submete sua vontade para fazer a vontade dele, e ninguém nunca ocupará o lugar dele em seus sentimentos. A união sexual, assim, torna-se mais que o simples ato físico, pois retrata um relacionamento de alma muito mais profundo entre vocês dois. Sem a união da alma, o ato sexual é uma união imprópria de corpos, e não é satisfatório.

DISTORÇÕES E ABUSOS DO PLANO DE DEUS PARA O SEXO

As distorções ou abusos em relação ao sexo vêm da ANP [Antiga Natureza Pecaminosa] ou do próprio Satanás. Este é um mestre na distorção e na adulteração da maravilhosa provisão de Deus para a humanidade. As distorções enfatizam o corpo ou o sexo sem o relacionamento espiritual ou vice-versa. Já que Deus designou um completo e satisfatório relacionamento para você, Ele estabeleceu certos limites e proibições. Isso porque Ele a ama e quer que seja feliz.

Deus proibiu o adultério (sexo com alguma outra pessoa além de seu cônjuge), por exemplo, porque isso destrói sua unidade de alma com seu marido. O fato de que o adultério pode destruí-la como pessoa é revelado em Provérbios 6.32: "O que adultera com uma mulher é falto de entendimento; destrói a sua alma o que tal faz".

Deus também diz que o adultério afeta o corpo: "Fugi da prostituição. Todo pecado que o homem comete é fora do corpo; mas o que se prostitui peca contra o seu próprio corpo" (1 Co 6.18). O adultério afeta seu corpo não permitindo que você aja de maneira adequada sexualmente e nem tenha prazer com seu cônjuge. Em uma mulher, a promiscuidade sexual pode levar à ninfomania (desejo sexual insaciável) ou à frigidez (diminuição ou ausência de desejo sexual). Os efeitos correspondentes em um homem seriam satiríase e impotência.

Além disso, o homem e a mulher ficam onerados pela culpa como resultado do adultério. Deus nos alerta para não distorcer nem fazer mau uso do sexo, mas para apreciá-lo dentro dos limites que Ele impôs.

Outro abuso do sexo é a prática de auto-erotismo ou masturbação. Deus diz em 1 Coríntios 7.4 que as pessoas casadas não devem estimular o próprio corpo sexualmente. Apenas seu marido pode fazer isso. "A mulher não tem poder sobre o seu próprio corpo, mas tem-no o marido; e também, da mesma maneira, o marido não tem poder sobre o seu próprio corpo, mas tem-no a mulher" (1 Co 7.4). Já que a masturbação é apenas uma maneira de auto-satisfação, ela é um abuso do plano de Deus para o sexo, que deve apenas ser uma expressão do amor entre marido e esposa. Da mesma maneira, o impulso sexual não deve nunca controlar você, mas isso pode acontecer caso se torne muito interessada em auto-satisfação.

Quando você aprecia o relacionamento sexual de acordo com o plano de Deus, as distorções e abusos em relação ao sexo, como a masturbação, o homossexualismo, o lesbianismo, a bestialidade, a troca de esposa, a atividade pornográfica, as concepções para sensibilização em relação ao gênero e a poligamia não fazem parte de sua vida.

O sexo em si mesmo não é errado, mas o abuso ou distorção dele é. "Venerado seja entre todos o matrimônio e o leito sem mácula; porém aos que se dão à prostituição e aos adúlteros Deus os julgará" (Hb 13.4).

O sexo é comparável a outra boa dádiva de Deus — o alimento. "Porque toda criatura de Deus é boa, e não há nada que rejeitar, sendo recebido com ações de graças, porque, pela palavra de Deus e pela oração, é santificada" (1 Tm 4.4,5). Quando é ingerido em proporções adequadas e balanceadas, o alimento fornece saúde e prazer. Quando você viola esses limites pode se tornar uma glutona. O sol, também uma dádiva de Deus, nos dá calor e luz, mas também pode causar dor quando você expõe em excesso a pele delicada aos seus raios. A Bíblia dá uma visão equilibrada e saudável do sexo. Deus não oculta os detalhes, não exalta nem glorifica o uso errôneo do sexo. A informação de Deus é completa e perfeita!

Se você tem estado envolvida em práticas sexuais imorais, lembre-se que Jesus Cristo também pagou por esse pecado. Confesse sua imoralidade como pecado, aceite o perdão de Cristo e mova-se em direção a uma vida de realização na vontade dEle. Como Jesus disse para a mulher adúltera: "Vai-te e não peques mais" (Jo 8.11).

DELEITES MATRIMONIAIS

Em Provérbios 5.15,18,19 Deus fornece uma instrução bonita e positiva de como as necessidades sexuais de um casal devem ser satisfeitas por meio da união matrimonial: "Bebe a água da tua cisterna e das correntes do teu poço. [...] Seja bendito o teu manancial, e alegra-te com a mulher da tua mocidade, como cerva amorosa e gazela graciosa; saciem-te os seus seios em todo o tempo; e pelo seu amor sê atraído perpetuamente". Essas passagens referem-se à mulher, de maneira simbólica, como um cisterna e, em algumas versões, como poço, ribeiros de águas e fonte. O belo paralelo é entre uma pessoa sedenta que se satisfaz bebendo água serena e fresca, e a sede sexual do casal que é satisfeita por meio da união sexual regular no casamento.

Observe que Deus diz "alegra-te com a mulher da tua mocidade". O relacionamento sexual deve lhe proporcionar grande prazer. A esposa descrita como amorosa e graciosa e suficiente. Você deve se concentrar para tornar sua vida sexual uma experiência satisfatória e realizadora para seu marido. Se não, como ele pode "pelo seu amor [ser] atraído perpetuamente"?

A mulher deve ter grande liberdade e alegria em satisfazer as necessidades e desejos sexuais de seu marido.

A satisfação sexual mútua nem sempre foi uma realidade na vida de Karen e Fred, mas agora é. Enquanto crescia, Karen não aprendeu o plano de Deus para o sexo. Como resultado disso, tinha muitas dificuldades emocionais. As sórdidas histórias que escutou sobre o sexo marital a fizeram pensar em seu papel na relação física como uma obrigação ou dever que ela temia. Os livros que Karen leu sobre sexo não a libertaram de suas idéias deturpadas. Quase todos os jogos de amor e a excitação sexual deixavam Karen oprimida por um profundo senso de culpa. Ela achava que gostar de tais atividades era perversão.

Depois de ouvir as palestras nas quais esse livro é fundamentado, Karen adquiriu uma perspectiva diferente. Seus olhos brilhavam quando ela disse: "Não fazia idéia de que Deus tinha tanto a dizer em sua Palavra sobre sexo. As Escrituras que você mencionou me mostraram que o sexo é criação de Deus, não do homem. Ele foi planejado para dar prazer a meu marido e a mim. Aprendi a relaxar totalmente e usufruir do genuíno desejo que agora temos um pelo outro".

RESOLVENDO PROBLEMAS SEXUAIS

Se quiser achar soluções permanentes, você deve procurar pela fonte dos problemas sexuais. Uma vez que o sexo no casamento é a expressão da unidade interna de duas pessoas, conclui-se que os problemas podem estar relacionados com alguma faceta da vida dos dois cônjuges. Os problemas podem ser espirituais, ou mau ajustamento de personalidades, ou apenas se originam do fato de um não entender o outro.

Saber como você e seu marido diferem sexualmente pode ajudar a corrigir alguns problemas sexuais. Em geral, o homem tem uma conduta sexual mais vigorosa e agressiva que a mulher. Isso é compreensível já que Deus criou o homem para ser o líder. Com esse conhecimento, você apenas responde à liderança sexual dele e espera completa satisfação para ambos, o que é preferível a ser "desligada" pela agressividade e necessidade dele. Além disso, o homem é estimulado sexualmente pela visão, mas a mulher, em geral, não é. Seu marido ao ver você se despir para dormir pode ficar suficientemente excitado a ponto de estar pronto para o sexo, enquanto você está apenas pronta para ir para a cama.

Também o homem e a mulher podem diferir na reação sexual depois de uma discussão. A união sexual pode ser a maneira de seu marido dizer: "Por favor, perdoe-me e deixe-me mostrar o quanto a amo". Mas você prefere renovar a confiança no amor dele por meio de palavras carinhosas e carícias antes de estar pronta para o sexo. Além disso, o relacionamento sexual serve como um tranqüilizante para seu marido, permitindo que ele relaxe e durma. Quando você está cansada, a última coisa que quer é sexo.

O que também pode ajudar é você perceber que seu marido sente que sua masculinidade está ligada à habilidade dele de satisfazer as necessidades sexuais que você tem. Se seu marido está inseguro em relação à masculinidade dele, pode tentar encobrir ou compensar com deficiências reais ou imaginárias. Ele pode externar sua insegurança ao recusar o relacionamento sexual ou ao apressar o ato sexual. Ele pode temer que você rejeite seus avanços sexuais, ou temer que não seja capaz de satisfazer adequadamente suas necessidades sexuais.

Você pode ajudar seu marido a evitar esses temores se perceber que ele tem um desafio emocional-físico muito maior que o seu na união sexual. O sucesso do ato depende da habilidade dele de obter e manter uma forte ereção. Apóie-o ao demonstrar sua confiança na habilidade sexual dele por meio de palavras e atos. Você pode transmitir isso ao abraçá-lo com ímpeto, ao beijá-lo calorosamente, ou ao dar um suspiro de apreciação no momento certo. Suas ações devem dar a clara impressão de que você mal pode esperar para se satisfazer na união com ele. A maneira mais efetiva de dar prazer a seu marido é deixá-lo saber que você se importa com ele e deseja relacionar-se sexualmente com ele.

O que fazer se seu marido não tem interesse sexual em você? Lembre-se, um belo relacionamento sexual não começa quando você vai para a cama. O relacionamento é a expressão de vidas vividas em uma atmosfera de amor. Peça a Cristo para lhe mostrar se involuntariamente você tem sido crítica, incisiva, sarcástica ou ciumenta ou se insinuou que, em sua opinião, a habilidade sexual de seu marido é inferior ou inadequada.

Joan tentou levar seu marido para um check-up, pensando que a inabilidade dele para ter relações sexuais com ela fosse um problema físico. Por fim, seu marido lhe deu um artigo que ele recortara do jornal. Em essência, o artigo dizia que um homem não acha a mulher atraente sexualmente se ela, com regularidade, briga ou ataca sua masculinidade ao não permitir que ele seja o líder, o provedor e o protetor de sua família. Quando você confiar em Jesus Cristo para guiar suas atitudes e ações, e para realizar seu papel como esposa, sua "unidade" interna se endireita e os problemas sexuais começam a desaparecer.

Nunca seja culpada de usar o sexo como uma arma para punir seu marido ou conseguir alguma coisa dele. Quando você recusa seu corpo por essas razões, está fazendo de si mesma uma prostituta porque vende seu corpo para seu marido em troca de algo que quer. Paulo nos disse: "A mulher não tem poder sobre o seu próprio corpo, mas tem-no o marido [...]. Não vos defraudeis um ao outro" (1 Co 7.4,5). Se você põe uma etiqueta de preço em seu relacionamento sexual, seu marido sente que o preço é muito alto e sai para comprar por melhor preço.

Os problemas sexuais também podem ser resultado de concepções deformadas de amor, de sexo ou de casamento que você, ou seu marido, tenham em conseqüência de experiências que tiveram na infância. Por exemplo, quando era criança, como é normal nessa fase, você pode ter perguntado a sua mãe: "De onde vêm os bebês?"

Sua mãe pode ter respondido: "Menininhas bonitas não fazem essas perguntas. Quando você crescer vai aprender sobre essas coisas".

Em conseqüência da atitude dela, você pode ter concluído que há alguma coisa errada sobre o assunto "de onde vêm os bebês" e, portanto, não a questionou mais a respeito dessas coisas. Você teve o resto de sua educação sexual em uma atmosfera de segredo, o que lhe causou esse sentimento de que sexo é "sujo", em vez de uma bonita expressão de amor dada por Deus. Se a atitude de sua mãe ou uma experiência infeliz da infância é a raiz para seu ressentimento ou frigidez, renuncie a seus sentimentos errôneos sobre sexo. Aceite o perdão de Deus e permita que Ele lhe dê uma atitude sexual positiva e saudável.

Às vezes, a esposa não fica satisfeita sexualmente porque o marido não a entende. Mesmo que grande parte do sucesso sexual dependa de sua atitude, pelo menos 20% desse sucesso depende da educação dele. Seu marido pode não estar ciente de que a mulher não é estimulada sexualmente de maneira tão rápida quanto o homem e precisa de palavras carinhosas e de longos jogos de amor antes de estar pronta para ter orgasmo. Se isso for verdade em seu casamento, guie gentilmente seu marido, mostrando-lhe ações e expressões que a agradam. Depois, reaja com entusiasmo.

Quando você reage de maneira positiva e com entusiasmo, ele fica encorajado a fazer mais esforços para agradá-la. Deixe-o saber o quanto você aprecia seus esforços, dizendo-lhe: "Você foi perfeitamente maravilhoso esta noite". Mesmo se você não chegar ao clímax, reaja de maneira positiva. O clímax ou orgasmo não é sempre necessário para que sua experiência sexual seja prazerosa. Entretanto, você descobrirá que quando seu desejo de satisfazer seu marido e reagir de maneira positiva às ações dele for sincero, você também tem satisfação sexual.

Você já tomou a iniciativa sexualmente? Sim. Às vezes, é bom você tomar a iniciativa. Quando você o faz, qualquer temor que seu marido tenha de ser rejeitado sexualmente é afastado no mesmo momento. Além disso, é provável que ele fique estimulado pela idéia de que você o acha desejável sexualmente. Muitas vezes, a impotência masculina é superada quando ele fica perto de sua esposa "ligada". Ele fica ciente da habilidade sexual dele e é encorajado a desfrutar o ato sexual. Contudo, tenha cuidado para não se tornar muito agressiva em sua iniciativa.

Como resultado de sua agressividade e exigência sexuais, seu marido pode rejeitá-la por ter o sentimento de que ele não é "o homem no comando". Sua vida sexual, como também todas as outras áreas, deve ser equilibrada. Quando a liderança de seu marido em casa não é ameaçada, ele aprecia e fica encorajado por sua eventual iniciativa sexual.

A mulher sábia planeja adiante a fim de satisfazer as necessidades sexuais do marido. Descanse o necessário para estar alerta, receptiva e disponível para o seu cônjuge. Quando você estiver cansada ou, particularmente, não interessada em união sexual, confie em Cristo para lhe dar um ânimo novo e entusiasmo já que a vontade dEle para vocês dois é que tenham prazer e satisfação por meio dessa união.

Tenha uma agenda flexível, assim você estará sempre disponível para satisfazer as necessidades de seu marido à noite, de manhã ou no meio do dia.

Perceba quando seu marido está interessado em fazer amor. Não seja como a esposa que acha todo tipo de coisas para fazer antes de ir para a cama, ou que lê *Good Housekeeping* (Boa Dona de Casa) na cama, até que o marido se vire e esqueça a coisa toda. É verdade, você não lê a mente, mas seja sensitiva. Conheça seu marido.

Prepare-se para fazer amor tendo pensamentos positivos que podem estimulá-la, em vez de irritá-la. Se você cumprir seu papel de esposa, aceitando seu marido como ele é, admirando-o, tornando-o o centro de sua vida e respondendo à liderança, provisão e proteção dele em relação a você, não precisa ter medo de perdê-lo para outra mulher. A razão básica para a maioria das infidelidades no casamento são motivos emocionais em vez de sexuais. A infidelidade de seu marido pode ser represália por mau trato, real ou imaginário. Você deve saber mais a respeito das necessidades e vontades dele que qualquer outra mulher. Ao agir de acordo com esse conhecimento, você pende a balança significativamente a seu favor.

Independentemente de suas necessidades ou problemas sexuais, você pode confiar em Jesus Cristo para prover soluções. Ele promete dar sabedoria a todos que pedirem. "E, se algum de vós tem falta de sabedoria, peça-a a Deus, que a todos dá liberalmente e não o lança em rosto; e ser-lhe-á dada" (Tg 1.5). Ele provê essa sabedoria por meio da sua Palavra, do aconselhamento com seu pastor, que é um cristão maduro ou por meio de informação recebida de livros. O Pai celestial está interessado em que sua vida sexual seja totalmente satisfatória para você e seu marido. Quando você começa a entender seu marido, torna-se a esposa que ele precisa.

"NOVIDADE" NO CASAMENTO

Nunca permita que se diga que a "novidade" de seu casamento acabou ou que a vida se tornou maçante e rotineira. Você dá vida nova ao seu casamento ao fazer ou dizer coisas inesperadas. Por exemplo, depois de saudar seu marido com um beijo quando ele volta do trabalho, sussurre ao ouvido dele: "Estou a fim de fazer amor, que tal agora?" É claro, você não espera que ele leve sua sugestão ao pé da letra uma vez que pode ser que as crianças estejam em volta e você tenha de preparar o jantar. O pensamento, contudo, o estimula e o faz lembrar-se de que é desejável. Essa é apenas outra maneira de dizer: "Eu te amo".

Muitos homens querem que suas esposas leiam livros indecentes ou vejam filmes pornográficos para que saibam como diversificar sua vida sexual. Mostre a seu marido que você pode providenciar variedade e excitação sem esses "auxílios".

Você pode adicionar frescor e variedade ao seu casamento ao se fazer bonita, ao tornar seu quarto irresistível, e sua cama, bonita e confortável. "Faz para si tapeçaria; de linho fino e de púrpura é a sua veste" (Pv 31.22). Aqui estão algumas sugestões que você pode usar para adicionar aos poucos a "novidade" ao seu casamento. Observe, eu disse *aos poucos*, já que seu marido pode se sentir dominado, ou mesmo ficar desconfiado, se você usar todas as sugestões de uma vez.

1. Mantenha sua cama limpa e cheirosa. Se seu marido gosta de perfume, borrife um pouco do perfume favorito dele nos travesseiros ou lençóis. Lençóis de cetim e travesseiros lançados na cama podem acrescentar uma boa novidade.
2. Use luz de velas, luz suave ou luz negra para criar uma atmosfera romântica. Millie disse que seu marido nunca fora um homem do tipo "à luz de velas". No entanto, quando ela pôs luz de velas no quarto deles, os dois se empolgaram com o efeito.
3. O uso de música suave pode trazer um toque de novidade a sua vida sexual.
4. Quando as circunstâncias permitem, pode-se conseguir novidade ao ter união sexual em diferentes cômodos da casa. Seja responsável e mantenha-se desejosa de ter união sexual em diversas circunstâncias.
5. Quando os filhos estão por perto, certifique-se de vocês manter a privacidade e uma atmosfera relaxante. Tranque a porta de seu quarto se for necessário.
6. Não estrague a cena convidativa que preparou ao aparecer de touca nos cabelos ou creme no rosto, e use anti-séptico bucal para cuidar da higiene. Uma coisa simples como o mau hálito pode manter seu marido à distância.
7. Mantenha seu marido consciente de sua feminilidade deste fato: de que você é uma mulher excitante e amante

dele, não apenas a mãe dos filhos dele. Você, quando adiciona tempero e variedade em sua vida, exibe seu lado feminino estimulante e desafiador por meio da criatividade. Por exemplo, programe-se para que as crianças passem uma noite ou fim de semana com os amigos e faça a refeição favorita de seu marido a fim de que jantem a luz de velas. Use o perfume favorito dele, relaxe e deleite-se com ele.

Seu quarto deve ser o cômodo mais bonito da casa já que nele você e seu marido demonstram com regularidade o amor um pelo outro. Sempre reserve esse cômodo para o amor — não para disputas, embora o casal cristão possa se aproximar mais de Deus, ajoelhados, no quarto, para pedir perdão por palavras ferinas e atitudes erradas.

Você glorifica a Jesus Cristo quando pensa e planeja em relação a ser uma boa parceira sexual para seu marido. O texto em 1 Coríntios 7.34 a lembra: "... porém a casada cuida [está centrada nisso] das coisas do mundo, em como há de agradar ao marido" (inserção da autora). Quando você torna sua vida sexual uma parte excitante e satisfatória de seu viver, agrada seu marido e, ao mesmo tempo, obedece às instruções de Cristo para você.

Se você não satisfaz as necessidades sexuais de seu marido, torna-se uma pedra de tropeço na vida dele e o afasta das verdades espirituais, em vez de levá-lo em direção a Deus. "Não vos defraudeis um ao outro, [...] para que Satanás vos não tente pela vossa incontinência" (1 Co 7.5).

Quando você faz do sexo uma parte estimulante e significativa de sua vida, seu marido não é tentado a sentir que está "perdendo" ou que acabou a "novidade" no casamento. Ele olha em direção à satisfação emocional e sexual que tem com você.

CONCLUSÃO

Seu marido se torna o homem feliz que você quer que ele seja quando sente que você o aceita como ele é, o admira por sua masculinidade e o põe em primeiro lugar (depois de Deus) em sua vida. Ele sente necessidade da família, porque sabe que é respeitado como seu líder, provedor e protetor.

Quando você responde ao seu marido e se ajusta aos planos dele conforme a ordem de Deus, vê o Senhor realizar o impossível em seu casamento. Quando seu marido está com você, ele se sente completo e realizado, porque você é a parceira dele — dando-lhe o que ele jamais teria sozinho.

Esse bonito relacionamento entre vocês concentra-se em uma união sexual em que o amor e o afeto de vocês se expressam, aumentam e se fortalecem. A união sexual torna possível uma compreensão, comunhão e comunicação carinhosas, que não podem ser expressas por palavras. Vocês, como "uma carne", são capazes de fazer juntos o que nem um de vocês pode fazer sozinho.

Quando os princípios mostrados neste livro se tornam parte de sua vida, você encontra satisfação em sua vida pessoal e no casamento. Você tem um relacionamento mais próximo com Deus, que determinou o casamento. E descobre que é uma mulher de verdade — a esposa de um marido feliz.

Epílogo

Depois que comecei a aplicar as verdades dadas por Deus que estão neste livro, meu marido, DeWitt, pediu-me para desistir de ensinar na vizinhança minhas aulas bíblicas semanais, a fim de que eu desenvolvesse um curso sobre o papel da mulher no casamento. Dessa série de palestras surgiu este livro.

Depois de dar o curso por quatro anos, em Atlanta, e conduzir periodicamente seminários em outros lugares, percebi que corria o risco de não seguir o que ensinava por causa do tempo dedicado ao meu crescente ministério. Assim, Deus me orientou a gravar a série "Marido Feliz" em fitas cassetes de áudio e de vídeo e concentrei-me em meu relacionamento com Cristo e com DeWitt.

Minha casa se tornou, e ainda é, o quartel-general para a His Way Library (Biblioteca Caminho do Senhor) — a forma de repassar minhas ferramentas de ensino. Com menos compromissos de palestras, havia mais tempo para consagrar ao crescimento no Senhor e mais tempo para escrever. A seqüência deste livro, *The Beauty of Beholding God* (A Beleza de Olhar para Deus), tornou-se realidade em 1982.

Nossa vida teve uma reviravolta brusca cerca de um ano depois que este livro foi publicado. DeWitt freqüentava uma reunião para homens e, certo dia, voltou para casa pedindo que nossos filhos lhe perdoassem por não ter sido o pai que deveria. Essa foi a primeira vez que o vimos chorar. Em uma dessas reuniões, por fim, ele achara a salvação em Jesus Cristo. Antes, achávamos que ele era cristão, embora não fosse totalmente submisso a Deus.

Um ano depois, DeWitt e eu entramos em um trabalho cristão, de tempo integral, com o Family Consultation Service, um ministério para os menos favorecidos na região pobre da cidade de Atlanta. DeWitt construiu umas oitenta casas para os necessitados, e eu trabalhei com a seleção de famílias e com a construção comunitária. Também iniciamos um processo de "impacto" em nosso relacionamento. Eu tinha de aprender a me relacionar com o novo DeWitt, e tínhamos de lidar com os problemas que havíamos evitado antes. Às vezes, esquecia-me que as mesmas verdades, de acordo com as quais vivera durante anos, ainda se aplicavam. Jesus foi fiel em me lembrar de meus erros. Felizmente, DeWitt e eu achamos que nosso apreço e amor um pelo outro cresce a cada dia. Temos uma união mais íntima que jamais imaginamos ser possível.

Em 1993, Deus nos fez mudar de maneira dramática. A mãe de DeWitt, dois de nossos filhos e a família deles, e fomos para o norte da Geórgia, onde nosso filho caçula já estava estabelecido. Por dezesseis meses, quatro gerações viveram sob o mesmo teto, até a casa de nosso filho do meio ficar pronta. Nosso filho mais velho iniciara uma igreja na área. Críamos que Deus nos permitiu sobreviver ao nosso Malaquias 4.5,6 que Ele usou para nos chamar para essa região.

Guia de Estudos

Questões para pequenos grupos
de discussão e/ou para reflexão individual

CAPÍTULO 1: O PLANO PERFEITO

1. Cada mulher deve compartilhar seu nome, alguma coisa sobre si mesma e seu casamento.

2. Leia em voz alta Efésios 3.20 e João 10.10. Você acha que esses versículos se aplicam a você e sua família em sua experiência atual? Por quê? De acordo com Isaías 1.19, qual é sua parte para realizar a vontade de Deus em sua vida? Discuta.

3. Quando você tomou conhecimento de que Deus tem um plano pessoal e detalhado para sua vida? Você ainda está no processo de abraçar essa verdade? Explique. Releia Salmos 139.13-18 em voz alta e discuta a aplicação da passagem. Como essa passagem a faz se sentir ao saber que Deus trabalha tudo para o bem em sua vida (cf. Rm 8.28)?

4. Compartilhe o que a palavra submissão significa para você e como você formou esse conceito. A substituição da palavra por corresponder apresenta uma perspectiva diferente? Leia Efésios 5.21. De acordo com esse versículo, ordena-se que quem seja submisso a outra pessoa? Já que minha vida é a única coisa que posso mudar, onde deve estar meu foco?

5. Em comparação com a época do namoro, você mudou na maneira de relacionar-se com seu marido depois que se casaram, isto é, ir a lugares com ele, ser educada e agradecida pelo que ele fazia, ficar bonita para ele, etc.? Por quê?

6. Os casamentos felizes acontecem de maneira automática ou devem ser construídos? Leia Provérbios 14.1. Você sente que tem sido uma mulher sábia ou insensata em relação em relação às suas reações em seu casamento? Especificamente, o que você pode fazer para mudar suas ações insensatas?

7. Você acha que a maioria dos casais recebe um treinamento adequado antes do casamento? Se não, como isso pode ser melhorado? Que passos você quer dar para fazer com que isso aconteça?

CAPÍTULO 2 — SEU RELACIONAMENTO COM O PLANEJADOR

1. Depois de ler Gênesis 2.1-18, descreva a vida de Adão antes de Eva ser criada. Por que você acha que Deus disse que Adão precisa de uma auxiliadora no versículo 18?

2. Você já testemunhou a influência que uma mulher pode ter sobre um homem? Explique. Discuta a influência que Eva teve sobre Adão em Gênesis 3.1-6. Como isso poderia ter sido diferente?

3. Conforme narrado em Gênesis 16, discuta a influência que Sarai teve sobre seu marido. Qual parece ser o fator motivador por trás da ação de Sarai? Compartilhe momentos em que você também foi pega na mesma armadilha.

4. Qual é a fonte de busca por inquietação e vazio que todas nós temos em nossa vida? Como você tentou preencher esse vazio? Explique sua jornada.

5. Como é preenchido o vazio universal em todos nós? Quando você conheceu a Jesus Cristo como seu Salvador? Ou você ainda está no processo de conhecê-lo? Compartilhe sua experiência.

6. Uma vez que você recebeu a Jesus Cristo como seu Salvador pessoal, como sabe que é filha de Deus? Veja 1 João 5.11-13.

7. Uma vez que você se tornou cristã é possível, mais uma vez, ter o controle de sua vida? Explique como 2 Coríntios 9.8, Romanos 8.28,29, Efésios 2.10 e 1 João 1.9 trabalham juntos para nos ajudar em nossa jornada para nos tornarmos como Cristo.

8. Compartilhe sua maior batalha nesse momento e o que Deus está lhe mostrando.

9. Compare o cristianismo com o casamento. Em que áreas você vê necessidade de melhorar tanto em sua caminhada com Jesus quanto em seu relacionamento com seu cônjuge? Que passos dará na próxima semana?

CAPÍTULO 3 — ACEITE SEU MARIDO COMO ELE É

1. Que surpresas você vê em seu cônjuge depois da troca de: "Eu faço isso e aquilo"? Qual foi a preocupação inesperada de seu cônjuge em relação a você? Se você não sabe, pergunte.

2. Como Cristo nos aceita? Leia Romanos 5.8; 15.7 e Efésios 2.8,9. À luz dessa verdade, como devemos responder a nosso cônjuge? Qual é sua reação inicial a esse conceito? Peça a Deus para ser sua força enquanto realiza isso.

3. Leia 1 Coríntios 13.4-7 e o personalize pondo seu nome no lugar da palavra amor. Peça a Jesus para ser sua força quando você responde dessa maneira.

4. Que expectativas você teve em relação ao seu cônjuge que foram eliminadas? Veja 1 Pedro 2.6 e Salmos 62.5. Peça a Jesus para satisfazer suas necessidades íntimas quando você comunga com Ele e para guiá-la na criação de um clima de aceitação em toda a sua família.

5. Leia Provérbios 16.25 e enumere algumas coisas que você faz e que parecem certas do seu ponto de vista, mas que, na verdade, são caminhos de morte — morte para a intimidade, morte para a auto-imagem de outra pessoa e morte para um bom casamento. Leia João 16.8-11. Em quem você pode confiar para cuidar de seu cônjuge?

6. Você dá conselhos não solicitados? Por quê? Devemos falar a verdade em amor, mas o que devemos evitar? Qual é sua maior tentação? O que a ajuda em relação a isso? Explique.

7. Que aspectos a atraem em seu marido? Que aspectos agora são irritantes para você? Discuta como esses fatores de irritação podem ser canalizados para a direção certa.

8. Leia Filipenses 4.6-8. Enumere e entregue a Deus as atitudes, hábitos e ações problemáticas. Depois, agradeça a Deus por tudo que é bom, adorável e honrável. A seguir, espere pela paz que vem dEle. Discuta revelações úteis ou bem-sucedidas em fazer essa entrega a Deus.

CAPÍTULO 4 — AJUDE SEU MARIDO A SE AMAR

1. Qual das verdades a seguir você teve mais dificuldade em abraçar? Deus diz que você é uma pessoa de grande mérito e valor; que pertence à família real dEle com possibilidade de receber uma grande herança; que é incondicionalmente aceita e amada; e que tem todas as suas necessidades supridas por Ele. Peça ao Senhor para tornar essas verdades, que lhe parecem irreais, uma realidade hoje. Qual das verdades acima você tem mais dificuldade em crer que seja verdade para seu cônjuge? Por quê? Peça a Deus para ajudá-la a ver seu cônjuge como Ele o vê.

2. Quando você ficou mais encorajada pelos elogios de alguém? Como mudou sua maneira de sentir o dia? Suas palavras podem fazer o mesmo por seu cônjuge?

3. Leia Efésios 5.33, Hebreus 10.24, 1 Tessalonicenses 5.11 e Provérbios 3.27. Lembre-se que elogios sinceros e genuínos criam um ambiente que permite aos outros experimentarem o amor de Deus, tornando mais fácil para entregarem totalmente sua vida à liderança dEle. O que você admirava em seu cônjuge quando namoravam? Você ainda vê essas qualidades? Explique.

4. Durante os próximos dias, mantenha um diário enumerando as qualidades positivas que você vê em seu cônjuge enquanto observa o que ele faz; ouça-o em suas conversas e junte-se a ele em coisas que o interessam. Peça a Deus

para abrir seus olhos em relação aos aspectos que você esqueceu ou nunca viu. Comece, de maneira natural, a permear essas percepções em suas conversas. Que diferenças você sente nele e em você mesma?

5. Qual deve ser sua motivação ao encorajar seu cônjuge? Veja Colossenses 3.23,24. Quais foram suas motivações anteriores? Explique. Peça a Deus para purificar seus objetivos de vida.

6. Quando realiza seu papel de encorajadora, tenha em mente que você não é a força absoluta que guia seu cônjuge. Jesus quer ser essa força. Somos apenas os vasos dEle que carregam seu amor. Leia Gálatas 6.7-10. O que salta dessas Escrituras para você? Peça a Deus para desenvolver totalmente essas perspectivas em sua vida.

7. O que Deus promete em 1 Coríntios 15.58? Como isso encoraja você? Explique.

CAPÍTULO 5 — NÃO O SEGUNDO MELHOR

1. No momento do casamento você e seu cônjuge se tornaram um, ou "uma carne" (veja Gn 2.24). Peça a Deus para lhe mostrar quaisquer ações ou atitudes de deslealdade, egoísmo, ciúmes ou autoritarismo de sua parte, as quais têm impedido o elo que Deus quer formar. Quando fizer sua lista (leve o tempo necessário em cada área), discuta por que essas coisas aconteceram e o que você pode fazer para corrigi-las.

2. Compare sua vida e casamento com a roda do equilíbrio apropriado (p. 65). Com cuidado, reveja cada raio.

3. Você acha que seu marido sente que sua casa é seu palácio — um porto onde pode ser ele mesmo? Por quê? Como você pode mudar isso?

4. Você tem dificuldade em saber quando dar atenção a seus filhos ou a seu marido? Explique.

5. A parte financeira é uma pressão? Como as partes fortes e fracas de cada um de vocês podem se complementar para corrigir isso? Discuta essa questão com o mais sincero desejo de enfrentar quaisquer temores, descansando na verdade de Filipenses 4.19.

6. Há alguma área de tensão ou de triunfo com os sogros? Leia Efésios 5.31 e discuta sobre qualquer área em que você e seu cônjuge não deixaram sua família de origem. Como você pode começar a corrigir isso?

7. Discuta suas atividades externas e sua aparência. Há algum trabalho a ser feito nessas áreas? Que passos positivos você pode dar de imediato? Em que áreas você precisa de orientação? Nunca procure orientação do ímpio (veja Sl 1), mas compartilhe com outras pessoas que conhecem a Palavra de Deus e a amam à luz da verdade de Deus.

8. Abrace qualquer área de mudança que Deus lhe mostrar, sabendo que a revelação dEle tem o propósito de curá-la e restaurá-la para ser a pessoa que Ele determinou que você fosse antes que o pecado trouxesse a dor pelo viver errado. Aplique 1 João 1.9. Louve a Deus por amá-la exatamente como você é, e a amar muito a ponto de não deixá-la permanecer daquela maneira!

CAPÍTULO 6 — SIGA O LÍDER

1. Leia com atenção Efésios 5.22,23. O que se levanta dentro de você quando lê essa passagem? Há algum sentimento negativo associado a essa ordem divina? Examine-as. Esses sentimentos vêm do que você viu modelado ou de sofrimentos anteriores? Eles podem ser conseqüência de má compreensão da ordem divina? Peça a Deus para lhe mostrar a perspectiva dEle.

2. Medite em 1 Coríntios 11.3. Qual era o papel de Jesus em relação ao Pai enquanto esteve na terra? Isso era benéfico ou destrutivo? Como a Igreja obedece a Cristo? Como esses papéis são semelhantes ao nosso relacionamento com nosso cônjuge? Enumere as aplicações inapropriadas em seu papel conjugal. Descreva maneiras como elas podem ser ajustadas.

3. Discuta as diferenças entre os papéis, dons e temperamentos masculino e feminino e como Deus determinou que um complemente o outro, em vez de competirem entre si. Que novas percepções você adquiriu e que podem fazer com que seu casamento flua mais suavemente? Enumere as percepções específicas para serem aplicadas de início.

4. Compare os papéis dos cônjuges em seu casamento com os de presidente e vice-presidente de uma empresa. Há áreas que precisam ser ajustadas? O que você pode fazer para iniciar a transição?

5. Seu conselho e percepção são críticos para as decisões sábias de seu cônjuge. O compartilhamento apropriado não é dar conselho em uma base de homem para homem, com atitude autoritária, de superioridade e maternal nem em tentar forçar seu ponto de vista para que seu cônjuge o aceite. Leia Provérbios 31.11,12,26. O que caracteriza o seu dar conselhos? Por quê? Discuta as maneiras de melhorar seus momentos de compartilhamento.

6. Uma vez que o plano de Deus para a família está esboçado na Palavra de Deus, em quem você realmente confia quando segue a liderança de seu marido? Leia Romanos 8.32, Salmos 84.11 e Jeremias 29.11. Deixe que Ele a conforte e silencie qualquer restrição que você tenha em relação ao plano dEle para o casamento.

CAPÍTULO 7 — PROTEÇÃO PARA SEU BENEFÍCIO

1. Descreva de que maneiras você aprecia a proteção física de seu marido? Em que áreas você gostaria de ter a proteção dele? Por que você sente que isso é importante ou não? Discuta, apresentando fatores positivos e negativos.

2. De quem é a responsabilidade de prover financeiramente a família? Veja Gênesis 3.17-19 e 1 Timóteo 5.8. Qual foi sua experiência em sua família de origem?

3. Quando a mulher complementa a renda familiar (Pv 31.13,14,24), que perguntas ela deve se fazer para manter o equilíbrio em suas atividades? Você já viu isso exemplificado?

4. Descreva como os dons e a sensibilidade da mulher podem ajudar o homem a ser melhor provedor para a família. Como isso se aplica ao seu casamento? Você gostaria de melhorar nessa área?

5. Como seu cônjuge a protege física e emocionalmente? O que você gostaria que ele fizesse de maneira diferente? Que passos você pode dar para dirigir seu casamento nessa direção?

6. Nossa atitude em relação ao nosso cônjuge revela nossa condição espiritual. Leia Salmos 139.23,24 e peça a Deus para lhe revelar qualquer atitude que você precise mudar quando dá passos positivos nessa direção.

7. Em que áreas você assumiu o papel que cabia a seu marido? Faça uma lista paralela com um plano para corrigir isso. Peça perdão ao seu marido por usurpar seu papel de líder. Comprometa-se a apoiá-lo no futuro.

CAPÍTULO 8 — DEUS É O MELHOR PARA VOCÊ

1. Você quer o melhor de Deus? Antes de responder, leia Salmos 147.11 e João 10.10.

2. O mistério da vida cristã faz paralelo com o mistério do relacionamento matrimonial. Leia Efésios 5.21-33, com ênfase no versículo 32, e compare essa passagem com João 12.24-26. Discuta os paralelos, tanto os aspectos que confortam quanto os que amedrontam.

3. O que significa ter um espírito submisso? Reveja a descrição na página 99 antes de completar sua resposta. Que papel tem a atitude de alguém em um espírito submisso? Qual sua compreensão anterior e atual a respeito de submissão? Explique.

4. Compartilhe as experiências positivas que teve quando, em situações difíceis, se submeteu ao seu marido com atitude amável. Como aumentou sua fé em Deus ao ver o trabalho dEle?

5. Submissão sempre significa obediência? Veja o sumário na página 99 e leia Daniel 3.16-30. Não devemos desobedecer à Palavra escrita de Deus nem nossa consciência, mas podemos recusar com espírito submisso. Dê exemplos e discuta maneiras criativas de tratar a necessidade do cônjuge, em vez de apresentar uma atitude superficial.

6. Você viu a intervenção de Deus quando deixou o resultado nas mãos dEle e se submeteu ao seu marido, confiando em Deus para que Ele, de acordo com Romanos 8.28, resolvesse a situação? Explique.

7. O que significa respeitar a posição de seu marido, mas não necessariamente sua personalidade ou atos? Como você foi capaz de fazer isso? Descreva o que isso fez por você e por seu marido.

CAPÍTULO 9 — ENCANTO DURADOURO

1. O que determina a beleza de alguém? Veja 1 Pedro 3.4 e Provérbios 23.7. Que tipo de beleza você herda como filha de Deus? Veja Provérbios 31.25. A que você deu ênfase a fim de se tornar mais bonita? Descreva qualquer área em que seu foco estava errado.

2. Com a ausência física de Cristo na terra, descreva as três principais maneiras que Deus usa para nos tornar semelhantes a Ele. Veja Salmos 119.11,97,114.130,133; João 16.13; 1 Tessalonicenses 5.17 e João 16.24. Em que área você é mais forte? E mais fraca? Discuta maneiras de melhorar suas áreas fracas.

3. Com qual das armadilhas mortais que arruínam sua beleza — raiva, temor e depressão — você mais enfrenta lutas? Ou como você reage quando as coisas não acontecem da maneira que você quer ou esperava? Como essas coisas arruínam sua beleza interna e externa? Descreva as evidências disso, as que você observou em sua vida e na de outras pessoas.

4. Momentos de desapontamento e desilusão podem ser ocasiões para reavaliar em quem ou no que confiamos para nossa realização. Descreva seu desapontamento mais freqüente. Leia 1 Pedro 2.6, Salmos 62.5 e Provérbios 4.23-27. O pecado de outra pessoa pode nos causar desprazer, mas qual é a única mudança pela qual somos responsáveis? Entregue de novo seu caminho para Ele e renove seu caminhar nEle.

5. É fácil se tornar raivosa, temerosa ou deprimida quando colocamos nosso foco em nossas faltas e na dos outros. Como as seguintes passagens bíblicas nos desafiam para redirecionarmos nosso foco? Veja Colossenses 3.1-3, 2 Coríntios 5.17, Efésios 4.22-32 e Gátalas 2.20. Que percepções você encontrou que podem ajudá-la no futuro? Louve ao Senhor para que a direção e força dEle a tornem, a cada dia, mais parecida com Ele.

CAPÍTULO 10 — COMO LIDAR COM PROBLEMAS E JULGAMENTOS

1. Como Adão e Eva responderam quando pecaram? Leia Gênesis 3.7-13. Qual deveria ser nossa resposta de acordo com Provérbios 28.13? Lembre-se da última vez em que você ou seu cônjuge cometeram um erro: como você lidou com ele? Leia Provérbios 17.9 e 20.22 e discuta maneiras de lidar com situações similares no futuro.

2. Disputas e discussões acontecem na vida de todo o mundo. Como, em geral, vocês lidam com isso em sua família? Qual é a solução de acordo com a Palavra de Deus? Veja Mateus 5.25 e Provérbios 17.14; 18.19. Discuta as atitudes que você pode adotar no futuro, quando isso acontecer.

3. As críticas, com freqüência, são difíceis de serem aceitas a menos que nos lembremos das verdades contidas em Provérbios 23.12; 29.1 e 25.12. Como essas passagens podem ajudá-la na próxima vez em que for criticada?

4. Como reage normalmente a comentários prejudiciais de seu cônjuge? Discuta as várias facetas envolvidas em lidar com os seguintes aborrecimentos ou mal-entendidos: (1) pedir esclarecimentos; (2) compartilhar seus sentimentos com amor e no momento apropriado; (3) contrabalançar e encobrir essas falhas com amor e perdão; e (4) deixar nas mãos de Deus. Qual dessas quatro opções é a mais difícil para você? Peça a Deus para torná-la sensível a fim de responder da maneira que Ele ordena em situações futuras.

5. O que é mais difícil para você: não ser elogiada por seu cônjuge ou lidar graciosamente com o elogio? Discuta as percepções dadas em Provérbios 25.27; 4.8; 3.3,4 e 27.21. Descreva futuras reações que agradariam a Deus e beneficiariam você.

6. Há alguma área de sua vida em que seja difícil se entregar totalmente a Deus? Leia Salmos 138.7,8. À luz da Palavra de dEle, você, por meio da fé, lhe entregará essa área de sua vida e agradecerá pela maneira como Ele resolverá isso?

7. Em que área ou situação de sua vida você teve dificuldade em agradecer a Deus por isso? Leia 1 Tessalonicenses 5.18 e Romanos 8.28. Agradeça a Deus por Ele usar isso para o seu bem e fortalecimento enquanto Ele constrói seu caráter a fim de torná-la mais semelhante a Ele. O que você pode ceder a Ele agora, em fé, por meio da ação de graças? A ação de graças é o sopro da vida! Respire fundo!

CAPÍTULO 11 — COMPLETE O QUADRO

1. Já que o corpo do cristão é o templo do Espírito Santo, devemos cuidar de nosso corpo de maneira apropriada. Veja 1 Coríntios 6.19,20. Piedosamente, discuta cada uma das seguintes áreas e peça a Deus a percepção de como você pode ser uma melhor doadora de cuidado em relação ao seu corpo: asseio, dieta, exercício, descanso, cabelo, mãos, vestuário e postura. Qual dessas áreas você negligencia com maior facilidade? Que passos você pode dar esta semana para fazer as mudanças necessárias? Cuide-se. Você é da realeza e merece isso!

2. Conforme Efésios 5.15-17 afirma, ter uma vida significativa é mais fácil para algumas pessoas que para outras. Conhecer quais são as prioridades divinas me dá reconfortante orientação. Por meio do esboço a seguir, avalie suas prioridades: (1) relacionamento pessoal com Jesus Cristo; (2) marido; (3) filhos; (4) aparência pessoal e descanso; (5) responsabilidades familiares; e (6) atividades externas. Do que você precisa para dar atenção à maioria delas? Discuta os ajustes que precisam ser feitos em primeiro lugar.

3. Descreva os elementos para a boa saúde emocional que precisam de atenção em sua vida — humor, gratidão, comunicação clara e não usar as emoções para conseguir que as coisas sejam feitas da sua maneira. Qual dessas características é a mais difícil para você cultivar? Por quê? Leia Provérbios 17.22; 15.15 e Colossenses 3.15 para ter uma melhor inspiração sobre o assunto. Discuta o que Deus lhe mostra e as possíveis aplicações disso.

4. Você tem medo de perder sua individualidade caso se submeta totalmente a Deus por meio de seu marido? Leia João 31.25,29. A que conclusão você chega?

CAPÍTULO 12 — REALIZAÇÃO FÍSICA

1. Quem criou o sexo? Veja Gênesis 1.27-31; 2.18,24. Deus chamaria algo de bom se não o fosse?

2. Como você sabe que é a vontade de Deus que você desfrute de seu relacionamento sexual com seu marido? Veja Provérbios 5.15-19 e Hebreus 13.4. Descreva seus sentimentos anteriores em relação ao sexo. Onde eles foram formados? Substitua qualquer falsa perspectiva pelas perspectivas de Deus enquanto você medita sobre a Palavra do Senhor.

3. O Inimigo não cria nada, mas apenas distorce aquilo que nosso Senhor criou. Quais são algumas maneiras como Satanás distorceu e depravou o sexo? Cite algumas maneiras como você pode corrigir essas distorções e depravações.

4. Os problemas sexuais no casamento podem ter sua origem nas mais diversas causas. Você pode se identificar com algumas das fornecidas a seguir: ignorância sobre as diferenças sexuais do homem e da mulher; resolução imprópria e inadequada de outros problemas; pouco tempo; falta de comunicação honesta; uso do sexo como arma para punir seu cônjuge; idéias deformadas sobre sexo provenientes do passado da pessoa; falta de consideração pelas necessidades de seu cônjuge; e falta de preparação apropriada. Você pode se identificar com algum desses pontos? Explique. Leia Tiago 1.5 e peça que o Senhor lhe dê sabedoria para dar o próximo passo a fim de corrigir qualquer área problemática.

5. Leia 1 Coríntios 7.1-5 e Provérbios 31.22. Faça planos para acrescentar "novidades" em seu casamento, ao dizer e fazer coisas inesperadas, com ávida antecipação do gozo que Deus quer que você sinta com seu cônjuge.

6. Deus ordena o casamento para refletir seu relacionamento com Ele. Deixe-o usar seu casamento para que você caia de amor por Ele e um com o outro mais profundamente a cada dia! Como você começa a vislumbrar isso acontecendo em sua vida? Que áreas você confia ao Senhor para que Ele as resolva hoje?